장고의 쪼루인생 골프 이야기

비즈니스로 꼭 알아야 할 최고의 골프 이야기

내 삶을 바꿔놓은 골프의 위력

장고의 쪼루인생 골프 이야기

장복덕 지음

징검다리

머리말

　매일 골프를 생각하고 골프에 묻혀 살아도 골프는 어떤 운동보다도 매력적인 운동이다. 어제 다르고 오늘 다르며 잘 되면 잘 되는 대로 겸손을 배웠고 생각만큼 되지않을 때는 짜증도 나지만 반성하는 기회가 되었고 배우고 노력하는 자세의 필요를 느꼈다. 그래서 골프는 작은 인생이고 생활의 활력소며 동반자인 것이다.

　골프를 통하여 터득한 것은 겸손하지 않고 반성하지 않으면 무엇이든 발전할 수가 없고 또한 살아남질 못한다는 것이다. 성질대로 고집대로 멋대로 세상을 살려면 결국 혼자 살아가는 방법 밖에는 없지만 아무리 똑똑하고 가진 것이 많다고 해도 혼자서는 세상을 영위할 수도 즐길 수도 없는 것이다.

그렇듯 골프도 자기만의 운동이지만 결코 혼자가 아닌 동반자가 있고 이웃이 있어 재미있고 즐거운 것이다.

근간, 골프가 대중화 되면서 불법과 탈법이 생기고 일그러져 대중화의 취지와 바람이 무색할 지경이다. 동반자와 이웃에 대한 배려나 매너, 룰은 간 곳이 없고 자기만의 해석과 판단으로 왜곡된 골프를 하려는 골퍼들이 늘고 있다는 것이다.

지난해 출간한 『장고의 쪼루인생 골프이야기』에서 왜곡된 골프 문화에 대하여 필자는 가감없는 질타를 하였다. 독자들의 동감과 함께 뜨거운 호응과 격려를 받았고 아울러 따끔한 채찍과 질책을 받았지만 그 만큼 모두의 주변에 그러한 골퍼들이 많다는 증거인 것이다.

자신도 모르게 행하여지고 있는 여러 행동에 대하여 누군가 경종을 울려주지 않으면 습관이 되는 것이다. 골프가 대중화 되고 있는 즈음에 필자의 질타는 스스로도 반성할 수 있는 좋은 기회가 되었으며 선량한 골퍼들에게는 어쩌면 시원한 대리만족이 되었을 것이다.

혹자는 거친 표현들을 지적했지만 그것은 숨길 수 없는 현장의 언행들 이며 스스로 고쳐 나가야 할 일들이다. 가끔씩 나오는 육두문자 또한 라운드 중에 흔히 나올 수 있는 골퍼들의 솔직한 심정의 표현임을 부인하지 않았다.

따라서 다소 거부감이 있다할지라도 사실대로 표현함으로써 자기 반성의 기회와 계기로 삼고 더 성숙된 골프 문화의 창달을 위해서는 나름대로 의미가 있다고 본다.

우리가 보고 겪고 있는 골프의 일그러진 모습들을 사실대로 표현하지 못하고 꾸짖거나 질타하지 못한다면 그러한 행동과 모습들은 영원히 바뀌어지지 않으며 답습이 될 것이다.

또한 매너있는 행동에 대하여 칭찬하고 격려를 아끼지 않음으로써 또 다른 매너의 창출과 함께 즐거움이 더해지는 운동이 될 것이다.

주변의 일희일비를 보면서 자신의 행동을 되돌아 보고 골프가 진정한 스포츠로 정착이 된다면 필자로서 더 바랄 것이 없다. 그래서 초보자는 새롭게 매너를 배워 갈 것이며 칭찬과 격려로 또 다른 경험과 즐거움을 공유한다면 그것도 발전이다.

인간은 부족함을 채우기 위하여 가끔은 노력 없는 욕심을 부린다. 그러나 욕심 뒤에는 실수가 따르고 더 큰 화를 불러일으키며 동반자와 이웃등 주변의 모두를 불편하게 만든다.

소렌스탐의 승승장구도 있지만 박세리의 슬럼프도 있는데 하물며 아마추어들이 모든 것을 가지려는 욕심은 버려야 한다.

그들도 애초부터 모든 것을 가진 퍼펙트한 골퍼는 아니었지만 남다른 노력과 아픔 뒤에 얻어 낸 오늘의 결과인 것이다. 하지만 그들도 때에 따라서는 뒷땅도 치고 오비도 내며 슬럼프에 빠지는데 아마추어들이 골프에 목숨을 걸 일은 아니잖은가!

때문에 아마추어 골퍼는 즐길 사람과 즐기며 부족하지만 결과에 만족하는 골프를 한다면 즐겁고 행복하리라 믿는다.

끝으로 "장고의 쪼루인생 골프이야기" 1편에서 보여준 독자들의 뜨거운 성원에 대하여 이 자리를 빌려 깊이 감사를 드리며 본 내용을 통하여 지칭된 당사자가 있다면 넓은 이해를 바라며 양해를 구한다.

일부 내용에는 표기법에 맞지 않은 골퍼들의 일상용어와 개인적인 사투리를 그대로 표현했음을 알려드린다.

그동안 출간과 관련하여 조언과 도움을 주신 주변의 모든 분들에게 이 자리를 빌려 깊은 감사의 말씀을 드린다.

장 복 덕

차례

PART 1

PART 2

PART 3

PART 4

PART 1

뒷땅의 실수를 찾지 못하면 다음 샷을 망치고
3빠다의 화를 삭히지 못하면 다음 홀을 망치며
순간의 성질을 다스리지 못하면 전 홀을 망친다.

골프는 실수를 적게 또는 실수를 줄이는 게임이지만
프로도 감당 못할 위기에 프로보다 나은 샷을 바란다면
매번 뚜껑이 열리고 성질이 나는 건 당연하지 않을까?

채가 나빠서 그런가요

추적추적 비가 내리는 늦은 시간!

마음이 허할 때 한번씩 거쳐 가는 술집이 있다. 소주방도 아니고 빠는 더욱 더 아닌 뭐~ 그런 집! 날씨 탓인지 홀은 썰렁하고 구석엔 눈이 게슴츠레한 아줌마 한 명뿐!

혼자 가도 흉보지 않고 두 명이 오면 입이 째지는 뚱뚱이 아줌마가 주인이다.

한동안 들르지 않았더만 호들갑을 떨며 난리다.

"옵빠~! 어디 가따왔어! 바람났어?"

"문디~! 바람거튼 소리하네."

바람? 그거 한 접시에 얼마 하는데? 그거 한번 먹어봤으면 원이 없 겠구만!

"옵빠~! 뭐 할겨? 소주? 맥쭈? 아니면?"

"씰때없는 소리 하지 말고 돈 싸고 정직한 넘있잖아~"

"오빠 맨날 맨날 소주야? 안주도 공짜 멸치만 달라카구~!"

"우쒸~ 알았어! 그럼 나도 저 아줌마 빨고 있는 거 저거 줘!"

"하하하 옵빠가 뭐 신세대야? 병 채로 빨게!"

"니꺼무~ 신세대만 빠냐? 오히려 늙을수록 더 빨아야지!"

혼자 온 아줌마는 반술이 된듯한데 뚱뚱이는 자꾸만 합석을 하란다. 그러면서 "이 옵빠야는 골프 프로이고 이 아줌마는 아는 동생인데 골프 입문 3개월째"라며 소개를 한다.

꼴갑을 하고 있네! 프로는 무슨 넘에 자빠질 프로야! 90개치는 프로 봤냐? 그러면서 이 옵빠야한테 따라 다니면서 골프도 배우란다.

아줌마는 술에 쩔어 소낙비에 개똥거치 펴져 자빠졌는데 서방이라는 넘은 마눌도 챙기지 않고 어디서 뭘 하는지!

그런데, 울 마눌은 들어 왔는지 몰겠네. 쩝!

한두 병 술병이 오고 가고 아줌마는 입문 3개월째라면서 아는 게 왜 그리 많은지 모르겠다.

주절~ 주절~ 골프 얘기를 비온 뒤 빨래 널듯 하고 있다.

첫 임신 3개월에는 배가 아파도 화장실을 가야할지 병원을 가야할지를 모를 시기인데 골프 3개월에 10년이라도 친냥 무용담처럼 늘어 놓는다.

"이따~ 만한 빠따가 쑥~ 들어가고…… 히히히히 그기 젤 재밌뜨라.”

“빠따만 맨날 했으면 좋켓뜨라.”

“한번은 굴리는 거 했는데 깃대에 딱~ 붙어 버리고……”

듣고만 있었더니 이젠 빈병이 쌓이는 만큼 질문도 많다.

“아저씨~! 나는 볼링도 수영도 다 잘하는데 골프는 왜 안돼요?”

“아줌마 필드 몇 번 갔는데여?”

“3개월 연습하구 프로하고 머리 올리고 오늘 나인홀 갔다 왔는데여?”

“근데, 뭐가 어렵던데요?”

“연습장에서는 잘~ 맞았는데 거기서는 공도 안보이고 대가리만 때리고……”

“지극히 정상이구만요!”

“아저씨~ 지금 장난치는 가여~? 나는 열 받아 미치겠는데.”

씨벌~ 내가 비싼 밥 먹고 뭔 할일이 없어 술 챈 여자하고 장난을 치냐? 바른 소리를 해 줬는데도 장난을 친다고 지랄이니 술이 채긴 챘나보다.

아줌마 허벅지는 덮어 줘도 욕먹는다더니 미치고 환장하겠네!

화장실을 다녀오니 뚱뚱이 주인이 타일렀나 보다.

대뜸 “오늘 나인홀 갔다가 열 받아서 한잔 했다”며 사과를 한다.

“아줌마 앞으로 열 받을 일이 숱하게 있는데 뭘 그걸로 열 받어여!”

“그런가여?”

“그걸로 열 받으면 우린 마카 알콜 중독자게요?”

"근데, 아저씨~! 같이 간 언니들이 나보고 손목에 힘이 들어가고 배가 자꾸~ 뒤집어 진다는데 그게 뭔 말이에요?"

하이고~ 내 배가 뒤집어 질려고 하네!

"그러면서 언니들이 프로를 바꾸라는데 누가 좋아여?"

"같이 친 언니들은 얼마나 됐는데요?"

"1년 된 언니도 있고 2년 된 언니도 있구~"

"아줌마 그러면 프로를 바꿀게 아니라 동반자를 바꾸세여!"

"????"

말 뜻을 아는지 모르는지 "석 달을 했는데 이것 뿐이냐"며 또 한숨을 쉰다.

그러면서 "이럴 줄 알았으면 남들같이 한 달만에 나가자 할 때 나갈 껄"하며 프로가 시원찮다고 또 빨래를 널어댄다.

"아줌마! 이제 시작이니 열심히 해보세여."

"아~ 열심히 했는데도 그러니 글쳐!"

"그럼 더 열심히 해야져!"

"아저씨! 그럼 채가 나빠서 그런가여?"

웃기는 아줌마는 갈수록 태산이다.

"아줌마 채가 뭔데여?"

"겔러리아 인데여!"

에구~ 에구~ 석 달을 들고 다닌 클럽 이름조차 모르니 당연하지.

허허한 마음에 소주방을 찾았더만 이게 뭐람!

아줌마를 남겨 두고 나오면서 "골프는 프로 탓도 아니고 채 탓도 아니며 아줌마 마음 탓"이라고 일러 줬건만 아는지 모르는지!

세월이 약이라지만 "골프는 세월로도 해결되지 않는다"는 말도 잊지 않았다.

1년 싱글이 있는가 하면 10년 100돌이도 있으니 말야!

스스로를 다스리지 못하고 노력하지 않으면 말이 골퍼지 똥 폼으로 끝난다. 면도칼로 소를 잡으려는 듯 3개월에 빵~빵~ 날리기를 바라는 그 아줌마가 이 말마저 이해 못하면 비싼 클럽이 구형되기 전에 팔기를 권하고픈 마음이다.

참기름 상품의 비애

언제부턴가 우리는 상품과 경품에 익숙해져 있다. 공짜라면 양잿물도 마다않는다고 한번쯤 전화기를 잡았고 꺼적~ 꺼적~ 엽서적어 보내기도 했을테다.

운 좋게 뭐라도 걸리면 웬 떡이냐 싶고 뻔할 뻔자인 줄 알면서도 맹탕이면 조작이라고 중얼거렸다.

모르긴 해도 몇 년 전의 월드컵 때 언론사 ARS는 불티가 났다. 승용차가 수십 대나 걸렸으니 노는 입에 염불한다고 밑져봐야 본전이니 조빠지게 돌려 봤을 것이다.

근디, 뭔 넘의 전화가 그리 통화중인지 나거튼 넘들도 졸라 많은가 보더라. 용케도 걸리면 30초당 100원이라는데 뭣씨~ 묻는 게 그리 많은지.

씨펄~ ! 세상 천지에 공짜가 없더군! 겨우겨우 등록하고 나면 며칠 뒤에 ARS로 또 확인하라고 지랄이니!

골프도 예외는 아닌 듯 상품으로 승용차가 나오고 현금이 걸리고 순수 아마추어 정신이 변질될 상황에 이르렀다.

때문에 요즘 반반한 경품이라도 걸린 골프대회에는 전문 사냥꾼이 설치고 판을 칠 정도라는 보도를 보고 씁쓸한 생각이 든다.

주인 없는 산중과실인데 따 먹는 넘이 임자지 뭔 개소리냐면 할 말이 없다. 하지만 참여와 관심을 위해 아니면 기업의 마케팅 차원의 성의라면 몰라도 경쟁적인 상품은 사행심만을 유발하고 목적이 변질 될 우려가 있는 것이다.

일찍이 싸부를 잡아먹고 세미프로와 맞짱을 떠도 절대 굴하지 않는 골프의 신동이라는 넘이 주변에 하나 있었다.

동네 써클의 메달, 우승은 항상 그 넘의 것이었고 그 넘이 참가하는 월례회는 어느 넘이든 상을 넘볼 수가 없었다.

학교 댕길 땐 개근상도 못 탄 넘인데 사회에 나와 골프 배우더니 "미꾸라지 용됐다"는 놀림과 부러움을 받곤했다.

써클 상품이 늘~ 그러하듯 참기름 아니면 김, 비누에 멸치가 주종이다. 처음 몇 차례 마눌 앞에 내놓을 때는 뿌듯(?)하였고 마눌도 자랑스러워 필드만 간다면 하룻밤을 굶는(?) 한이 있어도 전날 밤은 고히 주무시게 하는 배려도 아끼지 않았는데 어느 날 계모임에 갔다 온 마눌의 인상이 "아니올시다"였다는 것이다.

친구간에 우연찮게 골프 얘기가 나오고 서방 자랑이 늘어졌는데 "울 서방은 골프를 얼메나 잘하는지 대회가면 맨날 상을 타 와서 주방에 참기름이 넘친다"고 자랑했다가 개챙피를 당했다며 "친구 서방은 대회에 나가면 텔레비전에 밥통을 타오는데 당신은 맨날 멸치에 참기름뿐이냐"고 투덜거리더란다.

자존심은 상했지만 그래도 걍~ 있었으면 그나마 좋았을 걸 "밥통 거튼 여편네야! 멸치 잡는 건 어디 쉬운 줄 아느냐?"며 한마디를 했다가 싸움만 존나게 하고 한 달째 밤 구경(?)을 못했단다.

그 집에 버금가는 울 마눌도 마찬가지다. 대회만 갔다오면 인사는 커녕 보따리만 쳐다보고

가뭄에 콩 나듯 비누라도 타 오면 맨날 이런 거뿐이냐며 핀잔이다.

이제는 골프를 조금 안다고 핸디 대비해서 주는 우승상은 쳐다보지도 않고 삐~리한 그런 모임에서 메달도 못하면 골프고 뭐고 때려치우란다.

상 못 타온다고 골프 때려치우라는 마눌은 조선천지 울 마눌 뿐 일 거다.

더 열 받게 하는 것은 "좋다는 건 마카~ 먹고 댕기지~ 요즘 따라 축구 대표선수들이 먹는다는 오가피꺼정 먹고는 그뿐인가?"라며 팍~ 팍~ 긁어댈 때는 뚜껑이 덜썩~ 덜썩~해대니 이거야 원!

씨바~!! 오가피하고 공 잘치는 거 하고 뭔 상관이 있노?

허이구~ 더러워서! 나가도 터지고 들어 와도 터지니 재미삼아 경험

삼아 작은 대회라도 나가면 주눅이 들어 샷이 되어야 말이지!

원래, 상이라는 것이 줘서 즐겁고 받아서 기쁜 것이지만 요즘따라 주최측 또는 스폰서사들의 경쟁이 지나치다는 생각이 든다.

어차피 한사람 팔자 고쳐 줄 일이 아니라면 건전한 경쟁을 통하여 기념적인 명예만 가져가는 아마추어다운 대회가 되어야 한다.

한 사람에게 대박 터지는 기쁨보다 다수에게 나눔의 배려가 묻어 있는 아마추어다운 상이 아쉬울 따름이다.

성질 죽이기

언젠가 잭 니콜슨 주연의 『성질 죽이기』라는 영화가 전미를 휩쓸고 국내에 상륙하여 히트를 친 모양이다. 절대 화를 내는 법이 없는 온화 그 자체인 주인공이 엉뚱하게도 성질 죽이는 치료를 받게 된다는 아이러니한 에피소드를 담은 영화인데 머리통이 깨질 것 같은 세상에 그래도 화를 억누르며 살아가는 우리들의 현실을 대변하는 영화인지도 모른다.

흔히들 타고난 성질~ 성질하지만 그래도 보통의 사람들이야 많이도 무던히도 참고 살아간다.

도로의 중간을 횡단 보도인냥 가는 차 세워가며 미안한 생각은 눈 꼽 만큼도 없이 뻔뻔스럽게 걸어 가는 넘을 보면 패 쥑이고 싶은 생각이 굴뚝 같고, 통곡하는 수재민의 앞마당에서 낚시를 하는 넘을 보면 물귀신이 되도록 바다 속으로 밀어 버리고 싶고, 남의 기업 돈을 자신의 저금통인냥 요리 조리 빼내 처묵는 개거튼 넘들을 보면 소리 안 나는 권총이라도 몇 자루 사고 싶어지지만 개 물건도 물건이라고 물러 터진 법도 법인데 법이 있는 나라에 성질대로 생각대로 우째하랴!

씨팔~ 조팔하다가 제풀에 자빠지는 게 힘없는 우리의 삶인데 그러니 현대 의학이 화병도 병이라고 인정을 한 게 아닐까?

어떤 일이라도 성질대로 되는 게 없으니 죽은 물건거치 참고 살아야지만 이넘의 골프만큼은 진짜 성질 죽이는 운동이라는 것에 공감을 한다.

오비라도 몇 방 내고 나면 뚜껑은 저절로 열리고 3빠다 한두 번이라도 나오면 대가리가 돌아 버린다. 그래도 성질을 죽여야 하는데 그게 어디 쉽냐 말이다.

어떤 건 살리는 게 힘들더만 이넘의 성질은 죽이기가 힘드니 원!

동반자가 공이라도 건드리면 기분 더럽잖아! 체면에 못 본 척 참기라도 하면 속은 쥐틀리고 잘 맞던 공도 그때부터는 개판이 되어 버리니 공자거치 예수거치 살 수도 없고 멀쩡한 하늘이나 쳐다보며 씨팔~ 조팔~하며 욕이나 할 수밖에…….

어느 모임에서의 일이다. 재밌지만 다혈질의 동반자 하나가 첫 홀부터 오비를 내더니 냉탕 온탕에 갈피를 못 잡는 것이다.

남의 불행이 우리에겐 행복이니 낄~낄 거릴 즈음에 그의 대가리엔 50도가 넘는 열병이 났겠지.

24

초반부터 꼭지가 돌대로 돌았는데 세 번째 롱홀! 연습 스윙도 없이 갈겨 보지만 볼은 산중턱에 박히고 뚜껑이 열리면 돌아가는 것도 잊어버리듯이 벽을 보고 또 치는데 산속으로 오비를 낸다.

이쯤되면 이판사판에 머리 속이 하얀데 보이는 게 없다. 그런데 그렇게 열 받은 그 동반자 앞에 날지 못하는 산비둘기가 퍼득거리고 있을게 뭔가!

화풀이를 할 때가 없는 마당에 산비둘기가 나타났으니 말릴 사이도 없이 두 번이나 새를 향해 아이언을 휘둘러 버린다.

날개가 뿌러지고 피를 흘리며 퍼득이는 걸 보니 열 받더라구여. 아무리 성질이 나도 그렇지 날지도 못하는 짐승에게 뭔 짓인가!

그 새는 한쪽 눈이 실명되고 피를 많이 흘려 방법이 없었지만 마칠 때까지 찝찝한 마음을 금할 수가 없었다.

그 새의 죽음으로 순간의 화는 풀었을지 몰라도 그 버릇은 평생을 간다는 사실을 아는지 모르겠다.

뒷땅의 실수를 찾지 못하면 다음 샷을 망치고 3빠다의 화를 삭히지 못하면 다음 홀을 망치며 순간의 성질을 다스리지 못하면 전 홀을 망친다.

골프는 실수를 적게 또는 실수를 줄이는 게임이지만 프로도 감당 못할 위기에 프로보다 나은 샷을 바란다면 매번 뚜껑이 열리고 성질이 나는 건 당연하지 않을까?

하지만 어떻게 삭히고 다스리느냐에 따라 결과는 달라진다. 때문에 골프는 성질 죽이기부터라고 감히 말하고 싶다.

골프는 기쁨 잠깐 슬픔 잠깐이라고 기회와 위기는 항상 존재하는 법이잖은가!

하프스윙은 유죄, 풀스윙은 무죄

내기 골프의 무죄선고로 세상이 시끌벅적했다. 내기 골프가 어제 오늘의 일은 아니지만 입이 벌어지고 상상을 초월하는 금액이다 보니 소주방 안주같이 자꾸만 젓가락이 가는 것이다.

하루 게임에 아파트 몇 채가 오갔으니 심하다는 말이 나오는 것은 당연하다.

"저 새끼들은 도대체 어떻게 돈을 벌었길래 몇 억짜리의 내기를 밥 먹듯 하는가?" 할 것인데 모르긴 해도 그거야 뻔할 뻔자 아닌가!

요즘 세상에 도둑질 안하고 뇌물 안쳐먹고 어디 가서 사기를 치지 않고서야 어떻게 가능하겠나.

그것도 표면에 들어난 것이 그러한데 수년간 그렇게 치고 돌아 댕 겼을 걸 상상하면 그 금액은 엄청 날것이다.

적법하고 합법적으로 기업하고 장사해서 우리나라 법으로는 돈벌기 힘들다는데 물려받은 재산이 많다한들 탈법을 않고서야 그렇게 터지고도 쪽박을 차지 않는 것이 가능한 소리인가?

갑론을박이 있겠지만 어떤 내기든 금액만으로도 지탄을 받을게 뻔하고 골프를 두 번 죽이는 꼴이 된 것은 분명하다.

그런데 그것이 무죄라고 방망이를 두들겼단다.

씨바~! 골프장에 딱딱이 배판도 아니고 말야. 몇 천 원짜리 고스톱을 하다가 걸리면 벌금에 전과가 붙어 취업도 힘든 판에 수억 원을 걸고 치는 내기골프가 무죄라면 뒷간에서 똥 먹던 개도 웃을 판이다.

안방에서 하는 몇 천 원짜리 하프스윙은 유죄이고 풀밭에서 하는 몇 억짜리의 풀스윙은 무죄라니…….

그렇지 않아도 접대하고 뇌물을 받힐 방법에 골몰하고 있는 부류들에게는 쾌제의 판결이 아닐 수 없다.

골프를 핑계로 몇 천만 원 잃어주고 따먹어도 되고 정치자금으로 수억 원을 잃어 줘도 그뿐일 것이다.

자신의 능력으로 재산을 취득했는데 뭔 말을 하겠나?

재산의 상속과 증여에도 문제가 없어진다. 아버지가 아들에게 핸디 한움큼 집어 주고는 매홀 오비나 뻥뻥 내주고 3빠따를 밥먹듯 해버리면 아버지의 재산은 자연스럽게 아들에게로 넘어 갈 것이다.

그렇게 재산 따먹기를 해서 자식들에게 넘겨줘도 합법하다면 세율 높은 상속세, 증여세를 낼 필요도 없잖아!

타이거우즈도 그렇게 하고 박세리도 그렇게 하는데 뭔 소리냐며 이유를 달았지만 그들은 골프가 직업이고 그걸로 벌어먹고 살며 똥싸는 프로선수가 아니든가!

내기는 재미와 흥미 그리고 긴장을 더하기 때문에 적은 상품이나 금액을 걸고 우리는 즐기고 있다. 하지만 금액이 커지고 그것이 문제가 된다면 도덕적으로 눈총을 받고 사회적으로 지탄을 받는 것이다.

이번 판결이 대다수의 국민에게 위화감을 주고 뇌물 전달의 수단이 된다면 분명 문제가 될 것이다.

아직 최종판결이야 남았을지는 모르지만 이번 사건은 누가 봐도 분명 오비를 낸 것이다. 일부는 오비 아니라고 침을 튀기며 우기지만 골프를 모르는 대다수 국민마저도 그것은 상식을 벗어 난 오비이며 오비는 2벌타라는 걸 알고 있다.

근간, 비슷한 사건에 대하여 유죄 판결이 나왔다. 상급심에서 어떻게 최종판결을 할지모르지만 어차피 법은 상식에서 이뤄진다는 걸 보여줘야 한다.

여보, 난 필드 체질인가봐!

꿈~쩍도 않던 마눌이 시즌에 접어드니 마음이 씽쑹~쌩쑹~한 모양이다. 레슨 3개월을 마치고는 연습장 근처는 쳐다보지 않던 마눌이지만 때가 때인만큼 휴일이면 엉덩이를 들썩거리니 남보기 챙피하니 제발 연습 좀 하라고 해도 필요 없단다.

우째 그런 것 하나까지 서방을 닮아가는지 원!

아줌마끼리 비행장이라도 가라고 해도 꼭~서방하고만 다닐려니 미칠지경이다. 다른 마눌들은 안 보내줘서 난리고 누구는 서방이 따라나서려고 해서 열 받는다는데 흐~흐~ 우리 집구석은 우째된 판인지!

서방이 좋아서 따라 다니려는 건지 감시하러 따라 다니려는지 알수가 없다.

그래도 우째여! 늘그막에 골방신세라도 면하려면 챙겨는 줘야겠고 어쩔 수 없이 가끔씩 비행장에 새벽탕을 가기로 했는데 처음 몇 번은 "겨울내내 쉬었더만 감이 없다"며 9홀을 도는 스코어가 최경주 18홀 돌 듯하더만 요즘은 제법 또박~또박~ 맞춰 가는데 신이 나는 모양이다.

그러고는 "여보! 난 역시~ 필드 체질인가봐! 오랜만에 가도 100개는 안치잖아!"

골프장을 연습장으로 생각하고 100개 안 치는 게 자랑인가? 비행장은 공짜로 치남? 남자들 허리 뿌러지는 줄 모르고…….

어느 날!

왠일인지 자기 코도 석자인 마당에 초보 아줌마와 비행장을 간단다. 어떤 캐디언냐가 걸릴지 몰라도 코피 흘리겠다 싶었지!

어딜 가나 비행장의 골프장은 논두렁같이 좁디 좁은 페어웨이며 잘사는 넘들 식탁거튼 그린에다가 그것도 키높이에 얹혀 있으니 한번 올릴려면 이건 완전히 죽음 아닌가!

어쩌다 벽치기로 한번 올리는 날엔 예술이라며 극찬을 받는 마당에 자기 밑도 못 닦으면서 우째 초보를 세 명씩이나 데리고 다니려는지!

행여, 기브마저 없다면 하루 죙일 쳐도 다 못 칠긴데…….

그래 가거라! 허벌나게 노는 건 좋지만 사고나 치지 말고 오랬지!

멀쩡한 넘 머리통이라도 때리고 나면 물어 줄 돈도 없으니 무조건 조심하라며 신신당부하니 차도 빌려 달랜다.

씨바~! 아무꺼나 끌고 가랬더니 트렁크에 빽도 안 들어 가는데 그렇다고 지붕 위에 묶어 가느냐고 따진다. 어이구~ 100년 뒤엔 골프장 가는 전철이 생길려나?

죽었는지 살았는지 소식이 없더니 다섯 시간이 지나 같이 간 아줌마로부터 삐리리~전화가 온다.

"개똥이 아빠! 개똥이 엄마 사고 쳤어여!"

가슴이 철렁한다.

"어~엉 뭔 사고? 머리요? 다리요? 아니면 교통사고?"

어디로 튈지 모를 공이라서 그렇게 조심하랬더만!

"그래서 어케 됐어여?"

"그게 아니구요~ 이글했어여~이글!"

"기가 막혀!"

축하한다는 말보다 어이없다는 생각이 먼저 든다.

한참을 있으니 의기양양하게 들어오는 마눌! 그러고는 적장의 모가지를 베어온 듯 무용담(?)을 늘어놓는데,

"롱홀에서 도라이바가 기똥차게 맞았는데 스푼을 잡았거든."

"그러고는 립따~친 것이 깃대를 향해가더니 띠굴~띠굴~굴러 가파른 포대그린으로 기어 올라가서는 떡하니 붙더라"는 것이다.

그사이 3명의 아줌마는 온 산천을 헤맸으니 2온인지 4온인지 알리도 없고 이글이 뭔지도 모르는 아줌마도 있었으니 오직 캐디만 아는 웃기는 일이었지!

그런데 설마했던 3미터 퍼터가 쑥~ 들어가더란다. 그 순간의 짜릿함은 너무너무 좋더라며 침을 튀긴다. 그러고는 언제 또 할지도 모르는데 기념패도 맞추고 기념라운드도 하겠단다. 한 달도 넘게 보는 사람마다 자랑을 하며 흥분을 감추지 못하고 있다.

잘 치면 잘 치는 대로 못 쳐도 나름대로 그 재미 그 맛에 즐기는가 보다.

내일은 마늘과 새벽탕을 뛰는 날!

상큼한 새벽 공기만큼이나 쩔래~쩔래~따라나서는 모습이 싫지 않은 걸 보니 이제 마늘과의 라운드에 익숙해지려나 보다.

쪼인을 해보자

누런 들판의 농로를 따라 나는 골프장으로 간다. 비 개인 가을 오후라지만 아직 햇살은 따갑다.

배 무거운 개구리 한 마리가 도로를 가로 질러 힘겨운 뜀박질을 하며 필사의 탈출을 한다.

그 넘이 지나가기를 기다린다. 죽기살기로 뒤뚱거리며 뛰는 그 넘을 지켜보며 이렇게 여유를 가지며 골프장에 가기도 첨인 것 같다.

정해진 시간이 없어서 일까? 빨리 안 온다고 욕이라도 하며 기다려주는 넘이 없어서 일까?

나는 쪼인을 하러간다. 변비 걸린 넘거치 힘쓸 일도 없고 죽은 넘무릎팍 세우듯 바둥바둥할 일마저 없으니 마음은 푸근하다.

등록을 하고는 세월없이 기다려야하는 쪼인! 간혹, 지인들과 악수를 하지만 혼자라는 사실에 어쩐지 부끄럽다.

얼마나 기다렸을까! 나발을 불어댄다.

" *** 손님! 후론트로 오세요~~!"

이런 써벌! 그럴 줄 알고 코 앞에서 기다리는데 동네방네 쪽팔리게 나발은 왜 불고 지랄이야!

그런데 in팀과 쪼인하란다. 쪼인맨이 가장 싫어하는 것이 in, out 짤리는 건데…….

하지만 마냥 기다려도 되는 백수도 아니고 황금시간에 이것도 꿀이다.

줄줄이 늘어선 카트를 찾아가니 허걱~ ! 길을 잘못 들어 조폭 아지트에 들어 온 기분이다. 산만한 등치에 꺼무틱틱하게 생긴 50대 세넘! 한 넘은 손등꺼정 문신이니 아이고~ 죽었구나 싶다.

가는 날이 장날이라고 개판 5분 전인 공을 다듬으러 왔는데 저넘들 틈새에서 뭘 고치며 지랄도 이런 지랄이 있나!

머릴 숙여 인사를 하고는 돌아서서 휴~!!!

괜히 왔다싶은데 먼저 치란다. 이 자슥들이 나를 두 번 죽이려나?

두 팔을 흔들며 일행분이니 먼저 치시라고 사양하며 지켜보는데 시골 담장같이 폼은 어설프지만 세 넘 똑같이 가운데로 보낸다.

그런데 그 다음부터는 이게 뭐냐? 게이트볼을 치기 시작하는데 왔다리갔다리~ 얼마나 치고 댕기는지 자기 친 것조차도 모른다.

"언냐! 이번 홀에 여섯 개가, 일곱 개가?"

흐흐흐 미치겠다.

그래도 Out부터 내기를 하고 온 모양인지 밀린 돈을 달라며 나이를 잊은 듯이 밀고 당기며 실랑이를 해댄다.

몇 홀을 지나니 그들이 하는 말!
필드에 나온 지 10번쨌데 첫 홀의 그 드라이버가 제일 잘 맞은 거란다. 그러고는 매홀 따라 다니며 둘러서서는 샷을 구경한다.
퍼터를 하는데도 앞서고 뒤서며 한수를 배우잖다. 크~ 배우긴 뭘 배워여~ 미치겠다.
흐트러진 것 주워 담으려고 모험 같은 쪼인을 했는데 뭘 배운단 말인가!
줄 Par에 버디 한 개를 하고 9홀을 마치니 구경 잘했다며 넙쭉~ 인사를 하고는 가버린다.

또 얼마나 기다려야하나!
백을 내려놓고 이번엔 어떤 넘들일까? 언냐가 쩔래~쩔래~ 오는 걸 보니 당첨(?)인가보다.
네 명이 각기 쪼인이란다. 허참~ 이럴 수도 있구나!
50대 후반, 50대 초반, 40대 초반!
첫 홀을 돌아보니 세 넘이 한가닥씩 하는 것 같다. 50대 후반은 큰 키에 어설프게 내리 꽂는 도라이바 샷!
폼보고 나이보고 달려들었다가는 뼈도 못 찾을 듯싶다.
50대 초반! 욕실에서 확인했지만 평생 자기 물건은 거울을 빌리지 않으면 못 볼 듯 싶은 어마어마한 똥빼! 짝딸막하니 얼메나 댕겼는지 얼굴은 이빨만 희다. 그런데 썬크림은 뭐할라고 바르는지?

하지만 중요한건 뚝빼기보다 장맛! 도라이바도 도라이바지만 가히, 아이언의 달인이다.

아무리 멀어도 깃대 옆에 딱딱 붙이는데 어메~ 기죽어!

40대 초반 스포츠머리! 생긴 건 조폭 행동대장거튼데 하는 짓은 캡이여! 주눅들어 맨날 산으로 러프로 가는 공을 찾아 따라 댕겨 준다.

그런데 젊은 자슥이 빠따는 우째 그리 잘하는지. 9홀에 뻐디를 4개나 잡아 버리니……

세 넘이 약속이라도 한 듯 36개를 때려 버린다. 혹시 내기라도 한판 하잘까봐 9홀 내내 오줌만 질~질~ 흘렸네.

전반전만 해도 동반자들의 우상(?)이었는데 후반에는 얼마나 허겁지겁 따라 다녔는지 코에서 냄새가 났지만 그래도 모처럼 멋진 샷에 멋진 매너를 구경했다.

좋은 분들 만나서 잘 쳤다며 인사를 하고 돌아오는 길은 즐거움 그 자체였다.

내가 그렇게 느꼈듯이 나는 그들에게 어떻게 투영되었을까?

"나이스 파~"에 감사하다는 말은 했는지, 그림자에 상대는 불편하지는 않았는지, 퍼팅선을 쩌벅~쩌벅 밟고 다니지는 않았는지, 덕분에 많이 배우고 즐거웠다는 인사는 했는지?

쪼인이라는 것이 아무리 내 돈 내고 친다고 해도 이 눈치 저 눈치가

봐 지는 게 사실이다.

잘 치면 잘 치는 대로 "공만 쳤느냐" 하는 듯싶고 "같이 칠 넘이 그렇게도 없어 혼자 왔느냐" 하는 듯싶고 못 치면 못 치는 대로 "그 꼴에 뭔 쪼인이냐" 하는 듯싶으니 사실 부담스러울 수밖에 없는 쪼인 골프인 것이다.

하지만 언젠가는 자연스럽게 정착되어야 할 골프 문화가 아닐까?

개 팔자 사람 팔자

개라는 어원이 어디서 나왔는지는 모르겠지만 개는 잘해도 개일 뿐이고 못해도 개 소리를 듣는다.

길거리에서 오줌을 칠~칠~ 갈기고 담을 넘고 엉뚱한 짓을 하는 인간들은 개새끼라는 소리를 들으며 골프장에서 개판을 치고 보통의 사고로 보아 할 수 있는 짓이 아닌 짓을 하면 개소리를 듣게 마련이다.

요즘 개들이야 자식보다도 더 귀염을 받고 호강을 하지만 한때는 짬밥에 집이나 지키고 술 챈 주인과 시어머니로부터 꾸중들은 며느리의 화풀이마저 감당하며 개같이 살았었다. 하지만 세상이 바뀌면서 요즘은 사각지대의 인권보다도 코앞의 개권에 더 열을 올리는 운동가들 때문에 더 대접을 받는다.

개권이 이렇게 신장되었는데도 개는 좋은 쪽보다는 언제나 나쁜 쪽으로 표현되니 개는 개로써 한계인가 보다.

그래서 오늘 웃기는 두 마리의 개 이야기를 해 볼려고 한다.

어느 연습장에 희멀건 백구 한마리가 있는데 갓 태어나면서 왔기에 골프에 익숙했는지는 몰라도 공을 갖고 노는 걸 좋아했으며 손님들의 바지가랑이를 물고 늘어지는 것은 보통이였지만 귀엽다는 이유로 용서를 받았다.

몇 달이 흘러 중 개가 되면서 부터 그 넘의 짓은 밉상이 되었고 손님의 성화에 목도리가 채워지는 신세가 되었는데 그러니 주는 밥만 먹으면 하루 종일 타석 옆에서 대가리를 끄덕거리며 졸지 않으면 자빠져 자는 게 일과였다.

몇 달간은 공치는 소리에 깜짝 깜짝 놀라며 귀를 쫑긋 세우던 넘도 이제는 면역이 되고 이골이 났는지 눈 한번 뜨지 않고 잠만 잔다.

인간들이야 시뻘거니해서 열을 올리며 치든 말든 공이 안 맞아 개소리를 하든 말든 그 넘은 잠만 잔다. 길을 가는 노인들마저 공치는 소리에 놀라는 판에 옆에서 그렇게 두들겨 패는 소리에도 꿈적도 하지 않으니 손님들마저 "저 넘은 개새끼가 아니라 곰새끼"라는 소리마저 듣는다.

하루 종일 디비자든 넘도 주인이 퇴근을 하면서 목도리를 풀어주면 연습장을 지키는 야간 근무에 들어가는데 이 넘이 여기서 연습장을 지키면 그나마 좋은 소리를 들을건데 집을 지키기는커녕 그때부터 야간작업(?)을 나가는 것이다.

마을을 한바퀴 돌며 암컷이라는 암컷은 모조리 건드리며 소원을 풀고 들어오면 아침부터 또 디비자는 그 넘!

"개팔자가 상팔자고 개는 주인을 닮는다지만 미련스럽고 곰탱이거튼 주인과 우째 그리 닮았냐"는 손님들의 비아냥에 그 넘은 주인마저 욕 먹이는 개로 남아있다.

어느 골프장의 외진 홀에는 언제부턴가 황구 한 마리가 있었는데 밤이면 먹이를 찾아 내려오는 산짐승들이 그린을 파헤치기 때문에 어쩔 수 없이 궁여지책으로 갖다 놓은 것이다.

낮에는 작업 인부들을 따라 댕기며 놀다가 작업이 없을 땐 집을 지키고 밤이면 짐승을 쫓는 영리한 진돗개였는데 그 넘이 기분이 좋아질 때면 가끔씩 장난을 치는 통에 골프장엔 웃지 못할 일이 생긴다.

그 넘은 이상하게도 남자들의 공에는 관심이 없으면서 아줌마들이 친 공에는 유독 관심을 나타내며 남녀가 같이 쳐도 진돗개가 아니랄까봐 용하게도 킁~킁~ 거리며 아줌마 공만 물고 가는 것이다.

숫개라서 그런지 아니면 깊은 산골 독수공방에 화장품 냄새가 미치도록 그리워서인지는 모르겠지만 그 넘의 집에는 일주일이면 10개가 넘는 공이 나온다니 우스운 일이 아닌가!

연습장 개는 종일 디비자고도 밤마다 작업을 나가는데 골프장의 개는 하루 내내 작업 트럭을 따라 댕기고도 작업은 고사하고 구경조차 못하고는 화장품 냄새가 묻은 아줌마들의 공을 끌어안고 외로운 밤을 보내야 하니 개들의 세상도 인간과 다를 바 없어 고르지 않나보다.

41

그러든 그 넘은 님을 찾아갔는지 솥뚜껑을 뒤집어썼는지 요즘은 개집마저 치워진 채 행방이 묘연하다.

인간이든 짐승이든 타고 난 팔자가 있지만 어디에 있느냐에 따라서는 짐승마저도 상황이 달라진다. 하지만 짐승들은 주인의 주어진 환경에 따라야겠지만 인간들이야 팔자 탓만 한다면 어찌 인간이라 하겠나!

잘 맞은 공이 디폿 자욱에 들어가더라도 비록 쪼루에 뒷땅으로 파온을 못했을지라도 최선을 다하고 노력을 하면 버디도 만들 수 있다. 짜증을 내고 개소릴 지껄인다고 그러한 상황들이 달라지지 않는다. 골프에서 주어진 환경은 자연일 뿐이니 재수와 팔자 탓에 앞서 극복하는 마음이 필요한 것이다.

우리 아들이 오너야 !

새벽 5시!

오랜만에 쪼인을 하러 가는 것 같다. 마눌이 깰려나 까치발 걸음을 하며 마눌 눈치 본다. 벌써 1년도 넘게 거실에서 주무시고(?)있는 울 마눌이다.

거실바닥에 펑퍼짐 누워 있으니 늦게 들어 와도 검문소요, 일찍 나가도 검문소와 같다. 신혼부터 저렇게 잤으면 자식새끼도 못 낳았을 낀데 그나마 다행이군!

고분고분하던 여자들이 나이가 들면 잔소리에 그렇게 드세지는지 몰겠다.

해가 뜨려는지 동쪽 하늘이 잘 익은 수박 속같이 붉다. 구름 한점 바람하나 없고 고요한 것이 날씨도 좋은데 돼지 꼬랑지 도라이바는 우째 됐을까?

지멋대로 길고 짧고 대책 없는 퍼터는 나아 졌을까? 주중에 있을 깐 깐조 때문에 어쩔 수 없이 가는 쪼인이다.

월요일 임에도 자리는 꽉~찬다. 주니어 선수인 듯한 아들과 그의 아버지, 그리고 나 홀로 두 명 그래서 한지붕 세 가족팀.

원래 새벽 쪼인이라 는것이 눈꼽도 덜 떨어진 상태이다보니 얼굴 마주보며 인사하기도 그런데 오늘은 서먹함이 더한 것 같다.

꺼무틱틱한 아버지의 인상은 영~아니올시다인데 아들에게 잔소리 까지 늘어놓으니 시작도 전에 짜증이 난다.

새벽탕은 모두가 바쁜 사람이고 특히, 쪼인맨은 더한데 아버지와 아들은 첫 홀부터 빈스윙을 대여섯 번씩이나 하는데 이러다가 오늘 중에 다~치고 갈려나 싶다.

오늘은 쪼인을 잘못한 게 아닌지!

첫 홀부터 쪼루를 내는 아들! 아버지 인상은 자연 찌그러지고 오늘 분위기가 이상하다.

모두 보기를 하는데 그래도 주니어는 3온에 파를 잡는다. 홀 이동을 하는데 주니어 아버지가 언냐를 부르더만,

"언니! 왜 깃대를 안 잡아 주는 기야?"

더러운 인상에 놀란 언냐는 "죄송함다 담 홀부터 하겠슴다~!"며 죄 라도 지은 듯이 연신 머릴 조아린다.

씨바! 퍼브릭에 전동카트인데 혼자서 언제 깃대까지 잡아 주냐?

2홀. 앞팀은 벌써 그린에 올랐는데 아버지와 아들은 오지를 않는다. 마음 급한 언냐는 발만 동동 구르더니 먼저 치라기에 다들 치고나니 그제사 느릿~ 느릿~ 나타난 아버지와 아들!

"언니! 울 아들이 오너인데 왜 이래?"

언냐는 또 죄송함다고 머릴 숙인다.

이런 미친 새끼가 있나! 지들이 **빨랑빨랑** 움직여야지!

새벽부터 속이 터지기 시작한다. 그 와중에 그들의 대화는 더 웃긴다.

"야야! 티가 너무 낮은 거 아니가?"

"뭐가 낮노?"

"니 공이 쓰리피스가?"

"내가 쓰리피스 쓰지 투피스 쓰란 말이가?"

세컨 샷 지점!

"개똥아! 몇 번 치노 7번이가?"

"아이고 참! 여기서 7번을 우째 치노 8번이다~!"

못된 송아지 엉덩이에 뿔 난다고 애비한테 그저 반말이다. 집구석에서야 우째 했던지 나와서는 동반자도 있는데 예의를 지키도록 갈켜야지.

3홀. 앞팀은 아예 보이질 않는데 언냐는 어쩔줄 몰라하고 드며, 4번 홀에서 진행하는 오토바이가 나타나더니 올그락~ 불그락하며 언니를 달~ 달~ 볶아 댄다.

그래도 나홀로 두 명은 언니 편이니 치고는 뛰고 깃대꺼정 꽂아 주고 급한 마음 때문에 돼지 꼬랑지 도라이바는 더 꼬부라지며 퍼터는 방향을 볼 시간도 없이 대충 쳐버린다.

그늘집을 지나는 홀!

그들은 보이질 않고 언냐는 우리를 보고 먼저 치란다. 그러면서 학생은 아버지 몰래 담배 피우러 화장실에 갔단다. 대가리 소풍도 안 뺏꺼진 넘이 기가 찰 일이네!

그것도 모르고 아버지는 아들이 나올 때까지 굳건히(?)기다리고 오토맨은 두 홀이나 비었다고 방~방~ 뛰는데 그 사이 나타난 아들에게 아버지는,

"야~! 관계없어~ 그럴수록 더욱 느긋하게 쳐!"라며 주문을 한다.

동반자는 안중에도 없는 듯 털끝만큼의 미안함도 없고 이제는 오토맨이 카트 뒤를 그림자같이 따라 붙는데 결국 8번 홀에서 한바탕 붙어 버린다.

"환불해 드릴테니 퇴장하시오."

"우리가 뭐가 늦다고 난리야 앞팀이 빠른거지."

씨발! 웃기고 있네. 우리라니 너희들이 문제지! 쫓겨 갔으면 싶더만 그렇다고 골프장 측에서 가방 빼기가 그리 쉽지는 않겠지.

새벽부터 눈치보며 나와서는 이기 뭔 꼴인지 18홀을 끊어 놓고 걍~ 포기할 수도 없구.

후론트로 전화를 걸었다. 뒷팀에 한 사람이 비었는데 옮겨 줄 수 없

46

냐며 부탁을 했다. 해장국 한 그릇 때우고 쩔래~쩔래~ 나가니 가방
이 옮겨져 있다.

뒤를 따라가는 것도 고역이었지만 차라리 편하다. 그들과 라운드
내내 한마디 말도 하지 않았지만 그 주니어가 거목으로 자랄 수 있을
지 걱정스럽다.

하나를 보면 열 가지를 안다고 애비의 하는 짓과 아들의 태도를 볼
때 모든 것이 날 샌 듯 싶다. 꿈나무에게 도움은 못 줄망정 판은 깨
지 말아야겠지만 골프교육 이전에 애비의 정신머리부터 고쳐야 할
것이다.

또한 그런 자식이 자라 봐야 애비거튼 자식일테니 애비거튼 자식과
자식거튼 애비를 보며 아쉬움이 남는 하루였다.

홀인원 유감

　전직 대통령의 부인은 홀인원을 했고 현직 대통령과 부인은 생애 첫 버디를 했단다.

　전직 대통령은 공짜로 즐겼고 현직 대통령은 내가 쏜다며 100만 원을 냈다는데 과정이야 어떠하든 높으신 분들이 골프장을 찾아주니 주눅이 든 골퍼들에게는 좋은 소식이 아닐 수 없다.

　프로들이야 버디를 많이 해야 돈이 되지만 아마추어들은 파만 많아도 깨가 서말인데 보기플레이어도 아닌 현직 대통령과 영부인이 버디를 하나씩 했으니 홀인원 보다는 못하지만 축하할 일이며 필드도 종종 나오고 나라와 골퍼들에게 좋은 일만 생겼으면 좋겠다.

　난, 첫 버디를 언제 했는지 기억도 없지만 마눌은 1년에 1~2개를 할

까말까하니 일주일도 넘게 주절거린다.

" 아빠~! 도라이바가 기똥차게 맞았거든."

"아이고~ 고마해라."

"으씨~! 남자들이야 밥 묵듯이 해도 여자들은 어디 그렇나?"

"그래서 이따~ 만한 빠따가 쑥~ 들어갔다는 얘기 아냐?"

"그래. 아~! 그 순간 기분~ 째지더라."

"그만 일에 째져? 째질 때가 따로 있찌~!"

버디에 째진다면 홀인원의 기분은 어떨까? 10년도 넘게 채를 끌고 댕겼지만 여태 그넘의 홀인원이 어떻게 생겨 먹은 넘인지 구경도 못 했는데 지난주에 비로소 그넘을 구경 한 것이다.

그것도 본인도 동반자도 아닌 뒷팀에 신호를 주다가 슬라이스성 공이 바람에 밀리면서 한번 튀기더니 순식간에 홀로 사라져 버린 것이다.

순간 구경꾼마저 숨이 멎을 듯 했으니 본인의 기분은 어땠을까? 세상을 안은 듯 하늘 높이 치켜든 두 팔! TV에서나 본 듯한 타이거우즈식 포효하는 자세!

흐미~! 저 기분이 나였으면 200만 원 보험금이나 타 먹을건데 혹시나 해서 매년 황금거튼 보험료만 꼬박 꼬박 넣었는데 니미~! 로또가 되나 홀인원이 되나. 쩝쩝!

그런데 18홀 동안 숏홀에서 뒷팀에게 신호를 주고 쳤지만 한번도 파온을 못한 초보팀인데 홀인원을 한걸 보면 실력보다도 운이 따라야 하는가 본데 그래서 홀인원은 어디서 나온 풍습인지는 몰라도 행운을 나눠 가진다고 했다.

현장을 지켜 본 팀에게 그늘집 비용을 대신 내주고 또한 기념패와 함께 기념식수, 기념 라운드를 하며 가끔은 술독에도 빠지고 기념품 꺼정 돌리는 걸 본다.

그것이 바른 풍습인지는 모르지만 지나치지만 않다면 행운을 나눠 갖자는 좋은 취지일수는 있다.

때문에 우리팀은 그들이 홀인원 의식을 치르도록 홀아웃도 생략한 채 자리를 비워주며 배려를 했고 박수로 축하를 했는데 그 팀이 너무 모르더라는 것이다.

얻어먹을 생각은 없지만 우리팀이야 그렇다하더라도 도우미 사례금마저 한 푼 없이 자리를 떠나 버렸다니 홀인원은 구경만 해도 행운이 1년을 간다는데 1시간도 지나지 않아 그런 소리를 들으니 찝찝하고 축하의 뒷끝이 너무 섭섭하게 느껴지는 것이다.

사실 홀인원을 하면 도우미에게 얼마의 사례금을 주고 도우미 또한 사례금으로 같은 조원들과 통상 회식을 한다.

그렇지 않을 경우 당연히 받았을 사례금을 혼자 먹어 치운 자로 낙인찍힐 판이니 그 도우미는 눈물을 머금고 자비로 회식을 할 수 밖에 없는 꼴이 된 것이다.

하루 죙일 발품으로 번 돈을 그 팀의 도우미였다는 이유만으로 절 모르고 시주한다고 이유 없는 돈을 써야하니 세상에 정말 웃기는 일이 아닌가?

홀인원이 별것은 아니지만 한번쯤 해보고 싶은 행운이며 그 행운을 여러 사람과 나누고 싶은 것이 모든 골퍼들의 바람이다.

주머니에 29만 원 밖에 없다는 사람이 부인의 홀인원에 수백만 원 짜리 기념식수를 하고 대리석에 이름을 새기는 꼴이야 볼 필요도 없지만 그래도 찾아 온 행운을 베푸는 아량은 있어야 하지 않을까?

새 대가리

티벳이라는 동네에 "내일은 집 지으리"라는 새가 있단다. 낮엔 무지 덥고 밤에는 존나게 추운 지역이니 더울 땐 생각 없이 놀다가 한밤을 추위에 오들~ 오들~ 떨고나면 이러다가 뒈지겠다 싶어 내일은 죽은 마누라가 돌아온다고 해도 만사를 제쳐놓고 집을 지어야겠노라고 맹세에 맹세를 거듭하는데…… 하지만 날만 새면 다시 더워지니 이렇게 더운데 아무대서나 디비져 자면 그만이지 집이 뭔 소용이냐는 듯 또 까묵어 버린단다.

떨고 나면 또 맹세에 다짐을 하고 날만 새면 까묵어 버리는 그런 일을 매일거치 반복하는 "내일은 집 지으리"라는 새!

그래서 머리가 우둔한 넘을 보고 새대가리라고 하는지 모르겠다.

해외 골프를 다녀 온 후 처음 맞이하는 써클! 썬크림을 발랐는데도 도둑넘거치 시커먼 낯짝을 보고는 뭔 팔자가 좋아 외국꺼정 댕기며 훈련(?)을 하느냐며 놀려댄다.

한수 배우자느니, 잘 치겠네라느니 별 지랄을 다 한다. 써벌넘들 기 껏해야 54홀하고 왔는데 뭔 전지훈련이야!

하지만 모든 것이 "묽기"라는 걸 알고 있다. 그래도 머리 속에 파란 잔디의 환상과 그럭저럭 맞아준 잔상들이 남아 있으니 어느넘과도 붙 고 싶다.

그런데 콧물은 왜 찔~찔~나냐! 걸음걸음 재치기는 나오고 아~ 며 칠 더운 곳에 있었다고 이렇게 티가 나다니 무리를 했는지 아이고~ 몸도 갔꾸먼!

이런 몸으로 어떻게 고수들과 맞장 뜨냐? 그럴바엔 아예 꼬리 내리 고 하수에게 점을 주고 쳐? 내가 총무인데 조편성이야 꼴리는 대로 할 수 있을 테니 말이다.

원래 운동과 싸움은 터지더라도 센넘하고 붙어야 한다. 어설픈 넘 하고 붙어서 이겨봐야 싸움꾼으로 인정 않을 테니…….

하지만 몸도 시원찮은데 괜히 까불다가 코피 터지지 말고 점주고 치는 게 훨~ 낫겠다며 잔꾀를 부렸다.

(두리벙~ 두리벙~) 언넘을 잡을까?

저 넘은 요즘 상승무드고 이 넘은 성질이 조꺼테서말야!

저 자슥은 까탈스런 넘이니 빼고 만만한 넘 잡아내서 한조로 묶으 니 모두 수표거치 보인다.

달라는 대로 핸디를 주며 원하는 조건을 전부 들어 주었다.

"이자슥들아! 그 돈 꾸기지 말고 잘~보관하거래이~!"

저 넘한테 준 핸디는 8홀 가서 회수하고 이 자슥은 요즘 상승무드이니 12홀 가서 회수하고 이렇게 잔머릴 살~살~ 굴리는데 또 재치기에 온몸이 으스스하다. 큰 소리를 쳤지만 핸디를 많이 준 게 아닌지 내심 불안하다.

첫 홀 도라이바 멋지게 날아간다. 흥~ 그럼 그렇지!

54홀 전지훈련을 했는데 이런 수확은 있어야지! 핸디를 한움큼씩 받은 넘들도 빵빵하게 따라 온다. 세컨샷~ 어쭈! 대가리를 때린 것이 깃대에 붙어 버리는데 움찔~하다.

"야~ 재수다~!"

"써벌넘아 재수는 뭔 재수야 그렇게 쳐 본거지!"

"웃기고 있네!"

"해남도에서는 대가리를 때리는 것도 가르친다는 걸 몰라~!"

두 번째 홀 도라이바 쥑인다. 방귀끼고 놀란 얼라거치 내가 치고도 놀란다.

세컨샷! 궁댕이 요리조리 흔들고 옆에서 넘 섹시하다며 한번만 더 보여 달라고 야지가 들어 온다.

숨 고르고 립따~! 억~ 이기뭐야 뒷땅만 치고 공은 1미터 앞에 폴짝~!

이게 아닌데 다시 한번! 요번엔 대가리 어어~ 이상타!

옆에서 키득거리는 소리가 들린다. 여기서 성질내면 오늘 라운드는 망친단 말야. 그런데 또 대가리를 때려 그린을 넘겨 버린다. 그린 뒷

54

벽에 붙은 넘을 우째 치란 말인가?

조또! 다른 넘들 공은 잘도 굴러 내려 오든데 그러고는 또 털썩~ 털썩~ 씨바 골고루 하네!

언냐야! 몇 개 쳤노? 이런 니꺼무 6온이란다.

다른 넘들은 전부 2온을 시키고 기다리는데 식은땀이 난다. 2빠따에 오비도 없이 보기 좋게 양파!

파를 한 3넘은 돌아서서 키득~ 키득~ 거린다. 소리 내서 웃는 것보다 돌아서서 키득거리는 게 더 열 받는다는 사실을 그들도 알고 나도 알고 있다.

그럴 수도 있다고 자위하지만 대가리는 뜨겁다.

다음 홀 당근 말구지만 도라이바는 잘도 날아간다. 티샷은 이렇게 잘 맞는데 아이언이 되질않는다.

세컨샷은 또 허부적~ 허부적~ 어라~ 이젠 쌩크꺼정! 빠다는 원금보다 이자가 더 많고 어이~ 씨발! 돌겠네!

뭐가 뭔지 앞이 캄캄하고 우째 왔는지 전반을 돌고 나니 51개. 발로차고 댕겨도 이긴다고 장담했는데 51개를 쳤으니 미치지!

앞조 뒷조 궁금한 넘들이 몰려 와서는 18홀에 51개면 21언더인데 여기 있을 필요 없다며 미국 가는 비행기 표부터 끊으라며 놀려댄다.

스코어 카드는 이리 저리 돌아 댕기고 머리 올리러 온 것도 아니고 이 챙피를 우짜노!

인코스를 들어 와도 마찬가지 도라이바는 하나같이 잘 맞는데 뭐가 고장인지 아이언과 빠따가 되질 않는다.

핸디를 한 움끔씩 쥐어 주고는 콧물을 훌쩍거리며 하수의 뒤를 따라 댕기는 꼬라지가 한심하다.

지갑은 거덜나고 남은 홀은 점점 줄어드는데 그 자슥들은 신이 나서 더 잘되고 어이구 지랄도 지랄도!

그래! 어차피 터진건데 지갑도 비우고 맘도 비우자. 남은 홀은 4개 뿐이니 뒤집기는 틀렸다.

도라이바 또 잘 간다. 속옷은 삐져나오고 바지는 벗겨질듯 내려오고 채를 질~질~ 끌고가는 꼴이 연팡 패잔병 신세다.

도라이바는 뜬다! 그런데 아이언은 안 된다! 빠따는 길다!

뜬다? 안된다? 길다? 그런데 갑자기 떠오르는 이거닷~!

아하! 야이~ 새 대가리거튼 넘아! 도라이바는 티를 꽂고 치니 거기나 여기나 똑같고 아이언은 뽀송뽀송한데서 싸각~싸각~거리며 치다가 잔디도 없는 삐쩍~ 마른 땅에서도 똑같이 치니 맞을 리가 있나?

병신거튼 넘! 빠따는 어떻고…….

겨울 내내 밟아서 유리 판거치 빠른 그린은 생각도 않았으니 어이구~ 어이구~ 그걸 왜 몰랐을까?

어디 기둥이라도 있으면 팍~ 박아버리고 싶은 이 넘의 새 대가리!

이렇게 잘맞는 걸…… 하지만 이미 늦어버렸다.

스크라치로 계산을 해도 져버렸으니 할말도 없구. 에고~ 에고~ 오늘 경비는 내가 써야지!

상황이 극과 극으로 달라졌음에도 그걸 깨우치지 못하고 파란잔디의 환상과 잘 맞아 준 잔상만을 기억했으니 티벳에 사는 그 새와 뭐가 다르겠는가!

생수 장사가 최고야

여름은 덥고 겨울은 추워야 한다지만 올해 여름은 유난히도 더운 것 같다. 밖으로는 죽음의 포탄이 날아 댕기고 안으로는 서로 잘났다며 찌지고 뽑다보니 세상 천지가 더울 대로 더워진 게 아니지 모르겠다.

이런 날씨에 골프를 하면 수도꼭지를 물고 댕기고 에어컨을 짊어지고 댕겨도 버티기가 힘들다. 하지만 그럴 수도 없는 입장이라면 자빠지기 전에 물통이라도 들고 설칠 수밖에는 없다.

모텔에서 복상사한 넘이랑 골프하다 자빠진 넘이 세상에서 가장 즐겁고 행복한 죽음이라지만 어차피 칭찬받을 죽음이 아니라면 개죽음이다.

그런 개죽음을 당하기 싫어 생수라도 한 병 들면 세상에 물 값이 맥주 한 병과 맞장을 뜨려고 하니 그렇지 않아도 뙤약볕에 더위 먹을 일이 아닌가!

그늘집의 생수는 보통 500밀리리터인데 그것이 2~3천 원이라니 씨바~! 할인점이나 동네 슈퍼를 가도 비싸야 500원인데 아무리 덥고 목이 타도 그렇지 귀신도 자빠질 일이다.

피서지의 횡포는 이빨도 생기지 않았고 메뚜기도 한철이라지만 그 생수의 도매가격이 300원도 안되는데 해도 해도 너무 한 짓이 아닌가!

그나마 어느 골프장은 도우미들이 얼음 물통이라도 갖고 나오고 때론 녹차나 커피도 얼려 오는 경우도 있다. 그 양이야 한두 홀이면 끝나지만 노력과 정성은 고맙잖은가!

또, 어느 골프장은 혹서기를 맞아 내장하는 골퍼들에게 보양요리를 무료로 제공한다는 말도 들린다.

그럼에도 일부 얌체거튼 골프장들은 생수를 팔기 위해 도우미들이 갖고 나가는 걸 일체 허용 않을 뿐더러 고객이 갖고 오는 것조차도 반입을 못하게 하고 있다.

인심이 야박한건지 상술이 대단한건지는 모르겠지만 더위를 담보로 고객에게 턱없는 바가지를 씌운다는 것은 고객은 더위에 자빠져도 돈은 벌어야겠다는 조꺼튼 상술이다.

여름 한철에 원가 300원짜리 생수를 팀당 5병을 써비스해 봐야 1,500원뿐인데 생색내고 좋은 소리 듣는 게 그렇게도 힘드는가!

한 움큼의 그린피 속에 생수 5병이 그렇게 아까운지 묻고 싶다. 그것도 싫고 아깝다면 제대로 된 가격으로 팔든가 해야지!

물은 생명의 근원이다. 조상들은 끼니거리가 없어도 제삿상에 물 한 사발은 올렸고 목마른 나그네에게 물 한 그릇 주는 것을 미덕으로 삼았다. 그런데 나그네도 아닌 고객에게 10배가 넘는 물 값을 받고 도우미들에게 얼음 물통마저 갖고 나가지 못하게 하며 갖고 들어가지도 못하게 한다면 너무도 억지 같은 장사가 아닌가!

생필품에는 엄연하게 소비자 권장가격이 있는데 자가 제조품이라면 몰라도 그렇지 않은 공산품을 소비자 권장 가격이상을 받는 것은 분명 불법이다.

고객에게만 규정을 지키도록 강요하지 말고 골프장도 이치에 맞도록 지킬 것은 지켜야 한다.

날씨가 더워 열 받고 공 안 맞아 열 받는데 생수마저 열 받게 한다면 골퍼들은 돌아 버린다. 조또~ 아닌 잔돈에 신경 쓴다고 할지 모르지만 진정, 잔돈에 신경 쓰는 건 골프장들이 아닌가?

요상한 내기

대부분의 골퍼는 머리 올리는 날부터 시작해서 골프를 그만두는 그 순간까지 내기를 한다.

문제는 문제일진데 그렇다고 접대할 일도 없는데 5시간 내내 민화투만 칠 수도 없는 노릇 아닌가!

그러다보니 경비 내기라도 하는 것인데 그것도 거기서 끝나면 우리 골프도 지금보다는 더 대중화가 되었을지도 모른다.

그러나 어디 그걸로 끝나겠어. 터진 넘은 옵션을 걸고 딴 넘은 받아 줘야 하며 얼마가 터졌니 얼마를 땄니 난리법석이니 배우려는 예비골 퍼가 엄두가 나야 말이지.

이러니 대중화는 공염불일수밖에…….

단돈 천원이 걸려도 부모죽인 원수마냥 눈을 부라리고 때론 담지 못할 욕설이 오가며 이성마저 잃을 때는 살벌하기까지 한다.

정당한 내기, 적당한 경비라면 승부욕을 더하고 재미 또한 무시 못 할텐데 말야.

모든 걸 잊고 샤워장에 들어서면 왁자지껄 떠들며 왔다리갔다리하는 넘은 분명 딴 넘 일테고 귀퉁이에 죽치고 앉아 멍하니 거울만 쳐다 보는 넘은 분명 터진 넘이다.

비누거품을 뒤집어선 벌거벗은 모습을 보면 다들 허물없고 선한 얼 굴들인데…….

그날이었다.

나 스스로도 자제 못할 똑같은 일들을 답습하고 찌푸린 인상으로 샤워를 하는데 요상한 광경을 목격한 것이다.

온몸에 용과 독수리가 휘감은 문신으로 범벅이 된 세 넘이 욕탕 턱 에 줄줄이 걸터앉아 있는 것이었다. 그런데 더 이상한 것은 한 넘이 그 세 넘 앞에 쭈그리고 앉아 있는 것이 아닌가!

조금 전까지만 해도 70대를 쳤다며 키득거리던 넘도 오랜만에 이겼 다고 거품을 물며 이빨을 드러내던 넘도 분위기에 질린 똥개마냥 꼬 랑지를 내렸다.

대물을 자랑하며 휘적거리며 댕기던 넘의 아랫도리는 기가 죽었는 지 번데기거치 이미 오므라들어 버렸고 직감적으로 조폭들의 모임에 서 한 넘이 라운드 중에 죽을 죄가 아니면 큰일을 저질렀구나하는 생각이 들었다.

"아이구~ 저 넘의 제삿날이구나" 생각했는데 그 생각도 잠시!

쭈그려 앉은 넘이 타올에 비누칠을 뻑뻑하더니 나머지 세 넘의 사타구니를 정성스레(?) 닦아주는 것이 아닌가!

비누칠이 시작되자 샤워장은 찬물을 끼얹은 듯 더 조용해진다. 아니~ 이것이 무슨 짓이며 도대체 어떻게 된 일인지? 겁에 질린 몇 명은 서둘러 나갔지만 채 씻지 못한 넘들은 씻으면서도 바로 쳐다 볼 수는 없는 듯 곁눈질을 한다.

알고 보니 그들은 젊은 시절의 절반은 감방을 들락거리며 주먹 세계에서 이름(?)깨나 날리다가 이제는 손을 씻고 "차카게 살자"라는 표어를 가슴에 안고 살아가는 형들이었다.

사연인즉, 그들 네 명은 골프입문 동기에 친구사이로서 몇 년을 밥만 먹고 공만 치며 늘 주거니 받거니 머릴 올릴 때부터 내기를 했단다. 다시는 안 볼 듯이 수없이 싸웠고 그러다 또 만나고 그러기를 10년째!

돈 내기, 밥내기, 술내기 안 해 본 종목이 없도록 다 해봤는데 싱글골퍼로 자리를 지키니 요즘은 그 내기가 싫고 재미가 없더란다.

내기를 하다가하다가 이젠 내기에 질려 버린 것이다. 그래서 생각해 낸 내기가 바로 이것!

꼴찌한 사람이 나머지 세 명의 거시기(?) 목욕시켜 주기였단다. 보는 사람은 당혹스러운데 형들끼리는 재밌다고 낄낄거린다.

비록 험상궂은 용과 독수리 때문에 모두들 오해를 하겠지만 자연에 와서 이 얼마나 자연스러운 자연(?)내기인가!

지울 수 없는 온몸의 문신은 평생을 가지고 가지만 보통 사람으로 돌아 온 형들이 반갑고 고마웠으며 젊은 시절 가슴에 쌓인 응어리야 퍼낼 수 없다 해도 클럽을 놓고 세상을 마치는 순간까지 그 모습이길 빌어본다.

골프장 제비

명절 준비에 무리를 했는지 마눌이 허리를 부여잡고 누워버렸는데 돌아눕기도 못할 지경이면서도 연휴 끝에 약속된 라운드에는 미련을 버리지 못하는 듯하다.

다른 일이라면 포기했을 법도한데 이넘에 골프가 뭔지 파스를 덕찌~덕찌~ 붙이고 밤새 죽느니 사느니 앓더만 아침엔 아무렇지도 않은 듯 쩔래~쩔래~ 따라 나서는 마눌!

약도 이런 약이 없고 병도 이런 병이 없나 보다.

날씨도 꾸물~꾸물~ 비가 오려나 눈이 오려나. 마눌과 하루를 때우는 게 고역 같아 가기는 싫지만 지지고 볶으며 준비하고 고생한 걸 생각하면 어쩌겠나!

동반자는 연휴를 맞아 서방들이 어디론가 사라져 버린 마눌의 친구

두 명인데 에혀~! 뭔 재미로 치남! 남들은 속도 모르는 정초부터 여복이 터졌다고 할 거 아냐. 솔직히 말해서 여복이 터진 게 아니라 속이 터지더라.

여자 세 명을 태우기도 처음인 것 같다. 차안에는 화장품 냄새가 코를 찌르는데 모두가 오랫만의 나들이인지 들뜬 분위기이다.

어딜 가나 입심 좋은 아줌마는 꼭 한두 명이 있다. 유들~유들한 성격의 마눌 친구들이 들어 보라며 늘어놓는 말잔치가 어떻게나 웃기는지 넘길 수 없어 소개를 한다.

어느 날 여자 세 명이 퍼브릭을 갔단다. 어딜 가나 퍼브릭은 네 명을 채워 보내기 일쑤인데 그날도 예외는 아닌 듯 남자 한 명이 쪼인을 하더란다. 누구든 쪼인을 한다면 누굴까하고 기대아닌 기대를 하는데 쪼인한 그 양반은 황소같은 덩치에 시커먼 얼굴하며 필드를 엄청 댕겼을 폼이다.

클럽을 들고 이리 저리 흔들며 몸을 푸는데 어쭈구리~ 이게 모야? 속살이 비치는 여름바지를 입고 나온 게 아닌가! 이렇게 추운 날씨에 뭔 일이대요?

다림질은커녕 처박아 놓은 듯한 셔츠는 뭉친 휴지꼴이고 터질듯한 다리통에 낡긋~낡긋~한 바지는 불안하기 짝이 없다.

이거야 원! 공치는 사람 앞에 두고 돌아서서 기다릴 수도 없고, 볼려니 조마조마하고 남의 일 같지 않아 미칠 지경이더란다.

행여나 우리 서방도 마늘 몰래 가다보면 저러지는 않을까? 입은 바지 또 입고 땀에 저린 빤쮸 또 입고 댕기지는 않는지. 불안한 몇 홀이 이어지는데 아니나 다를까. 티를 꽂는 순간 엉덩이 쪽이 부~욱 찢어지는 것이 아닌가!

캐디를 포함하여 여자 네 명이 지켜보는데 이일을 어쩔꺼나! 얼마나 찢어졌는지 너덜~너덜~ 미친년 속치마 꼴인데 그래도 뻔뻔스런 그 양반은 주변을 휘~익~둘러보고는 씨~익~웃더만 기왕 쪽팔린건데 걍~치겠단다.

쪽팔릴 각오라면 빤쮸 바람에는 못 치며 벗고는 못 치겠어! 그러더만 범 껍데기같이 얼룩~덜룩한 속옷을 드러내놓고 남산만한 궁댕이를 흔들어 대며 치는 게 아닌가.

아무리 남자라 하지만 어떻게 저럴 수가 있나? 잘났던 못났던 여자가 네 명인데 무시하는 것도 아니고 말야. 예의고 범절이고 무식하기 짝이 없잖은가!

결국 진행요원의 제지로 오토바이에 실려 갔다니!

인코스를 기다리는데 또 한 남자가 쪼인하더란다.

멀쑥하게 생긴 50대! 적지 않은 나이에 머리엔 무스를 떡칠하고 온몸은 A급(?)브랜드로 칭~칭~감았더란다. 구두꺼정 삐까~뻔쩍~ 향수는 얼마나 뿌렸는지 주변에 있어도 콧구멍이 따갑고 재치기가 나올 지경이니 짐작이 가잖은가!

경력이 짧은 아줌마들 눈에는 저 정도의 폼이라면 싱글 골퍼이겠구나 싶어 잘 부탁한다며 인사를 했단다. 그런데 그 양반이 꺼내든 도라이바는 골프 박물관에서나 봄직한 나무 몽둥이가 아닌가! 그것이 흥볼일도 아니고 퍼시몬의 맛을 잊지 못하는 애호가도 있지만 그보다도 감고 댕기는 A급 브랜드 하나만 사 입지 않아도 호박 크기의 도라이바 하나쯤은 장만할텐데 싶더란다.

아무튼 첫 홀부터 허걱대는 마눌 친구들 앞에 그 넘은 보란듯이 파를 잡으며 폼을 쟀다.

"어머~어머~ 진짜 싱글인가보네."

"그러게 말야."

급기야는 필드구경 세 번째인 친구의 레슨을 부탁하기에 이르고 기다렸다는 듯 말이 떨어지기가 무섭게 징그럽도록 따라 댕기며 이러꿍저러꿍 레슨을 하더란다.

그러나 원래 실력이 그 모양이었는지 3번째 홀부터는 똑바로 가는 공이 하나도 없더란다. 대가리 아니면 뒷땅이고 오비 아니면 개골창이니 지켜보는 자신들이 더 무안스러웠단다.

"오늘은 왜 이렇게 안 맞냐?"며 변명을 늘어놓았지만 보아하니 100개도 넘게 치는 실력이었단다.

시간이 지나면서 그늘집 비용까지 챙기길래 아무래도 이상하다 싶어 거리를 두고 있는데 아니나 다를까 홀이 끝날 즈음 출장중인데 저녁 식사를 대접하겠다는 것이 아닌가!

그럼 그렇지 못된 송아지 엉덩이에 뿔난다고 골프는 뒷전이고 헛지랄을 해대니 우습더란다.

처음 보는 여자팀의 그늘집 비용을 지불하고 저녁까지 산다고? 자기 마누라는 서방 기다리며 쫄~쫄~ 굶고 있는 줄도 모르고 말야.

그 넘은 여자들의 목욕이 끝날 때까지 목이 빠지게 기다리고 있더란다. 결국 퇴짜 맞고 돈쓰고 쪽팔리고 그 꼴이 뭐냔말야.

익살스런 아줌마들의 이야기에 배꼽을 잡았더니 공을 때릴 힘도 없었다. 혼자서 매홀 실실 웃고 댕겼더니 마눌이 "당신도 그런 경험이 있는 거 아냐?"하며 다그친다.

내가 그런 뻔뻔스러움이 있었으면 여자 앞에서 오비에 쪼루에 뒷땅을 치며 왜 쫄겠냐!

골프에 미치다

축구선수라고 해서 길을 가며 돌멩이로 드리볼을 하고, 달리기 선수라고 해서 자나 깨나 달리는 것은 아니다.

운동은 연습할 장소가 있고 연습할 때가 있는 것이다. 그렇지만 이 넘의 골프는 시도 때도 없고 장소불문이다.

어느 넘이 목욕탕을 갔다. 냉탕과 온탕을 똥마른 개같이 들락거리며 발광을 하다가 다시 냉탕에 들어가더니 이번엔 두 팔을 모아 물을 튀기며 빈 스윙을 하는 것이다.

몇몇 사람은 움찔거리며 물을 피해 지나갔지만 온탕에 앉아 물세례를 몇 번 받은 노인이 꺄~ 있을 수 없는지,

"어이~! 젊은이! 지금 뭣 하는 건가?" 하고 물었다.

노인의 말이 자신의 행동을 탓하는 줄도 모르는 젊은이!

"보면 몰라요~! 골프 연습하고 있잖아요"하며 계속 물을 튀긴다.

노인은 기가 찬 듯 "당신 골프 몇 년 했냐?"며 되물으니, "3년 쯤 했는데 버릇이 되어서……!"하는 것이다.

잠시 후 노인이 냉탕에 들어가 젊은이 앞에서 엉덩이를 앞뒤로 움직이며 흔드는 것이 아닌가?

노인의 행동을 물끄러미 바라보던 젊은이가 할아버지는 뭔 운동을 하시길래 그러느냐고 물었다.

"으응~! 난 부부생활을 30년 했더니 버릇이 되어서 말야!"

젊은 넘의 경솔함을 꾸짖는 노인의 재치가 놀랍다.

골프가 급속도로 확산되면서 이런 병패도 많다. 골프에 관한한 골프장, 연습장에서야 어떻겠나!

차라리 골프장에서 책 보는 넘이 미친 넘이고 연습장에서 고스톱치는 넘이 미친 넘들이지!

식당을 가도 술집을 가도 심지어 초상집을 가도 밑도 끝도 없는 골프 얘기뿐이니 우리나라는 골프 공화국이라고 해도 과언은 아닐 것이다. 그러니 요즘 젊은 층을 상대로 설문 조사에서도 가장 해보고 싶은 운동이 골프라는 통계도 나왔다.

비즈니스를 위해서라도 골프는 교양이기 전에 필수가 되어버린 지도 오래 되었다.

골프를 시작한지 얼마 되지 않은 후배가 있다. 평소 운동을 좋아했지만 골프를 접하고는 세상에 뭐 이렇게 재밌는 운동이 있냐며 근간 시즌을 맞아 필드를 밥 먹듯 다닌다.

골프에 가장 미칠 때가 90개 정도이다 보니 골프 생각으로 눈을 뜨고 골프로 하루를 보내니…….

어느 날은 타당 몇 만 원짜리 내기를 했다길래 벌써 내기에 길들여지고 빠져들면 사업이며 골프며 둘 다 망친다고 했더니 요즘은 전혀 하지 않는다고 한다.

그러더니 어느 날 아이에게 골프를 시키겠다며 찾아왔다.

퍼터부터 가리키며 가능성을 보고 키워 보겠다며 유명한 프로를 소개시켜 달라는 것이 아닌가! 소질이 있다면 보따리 싸서 언제라도 가겠다는 것이다.

결혼한지도 얼마 되지 않았는데 혹시, 숨겨놓은 자식이라도 있나싶어 몇 살인데 골프를 시킬려고 하느냐고 물으니 이제 2돌이 갓 지난 3살이라는 것이다.

기가 막힐 노릇이다. 똥오줌도 못 가리는 세 살박이 아이에게 골프를 가리키고 재능을 테스트 받는다니 골프가 좋아 미치는 것은 애비 혼자면 족할 것을 걸음마도 겨우인 자식에게 골프를 가리킨다니 웃을 일이다.

누가 그렇게 시작해서 유명 골퍼가 되었는지는 모르겠지만 골프는 흥분해도 경솔해도 주변으로부터 손가락 받을 행동이다.

골프가 아무리 대중화가 되었다고 해도 아직은 하는 사람보다는 그렇지 않는 사람이 더 많다. 우리들만의 운동으로 해석하고 행동 한다면 또 다른 지탄의 대상이 될지도 모른다.

필드를 가든 어디를 가든 겸손이 최고라는 걸 잊지 말아야 한다.

엉뚱한 믿음

가을은 깊었는데 가을인줄 모르고 살았지만 밖은 온통 가을빛이고 인도, 차도 구분없이 낙엽밭이다. 달리는 차들의 꽁무니를 따라 다니는 낙엽들!

가을걷이를 끝낸 들판은 황량하기만 한데 수확한 것도 없이 또 한 해가 저물어 간다.

오랜만에 가는 골프장은 낯설기만 하다. 욕심을 비운지 오래라지만 대회라고 하니 설레고 긴장되며 "그래도~", "혹시나"하는 생각이 나는걸 보면 아직도 비우지 못한 마음과 요행을 바라는 생각들이 있는 것 같다.

옛날부터 "장례 행렬을 보면 재수가 있다"고 했는데 오늘 따라 길고 긴 장례 행렬이 지나간다. 갈 사람은 가야겠지만 무슨 업으로 가을에 떠나는지?

에고~ 에고~ 먼저 가는 님에게 목례를 하고 망자의 가족이야 슬프겠지만 기분이 좋아진다.

락카의 번호가 30대가 걸리면 왠지 전반에 30대 스코어를 낼 것 같은 예감에 기분이 좋아지고 주차장의 주차 번호도 30대 숫자에 골라서 주차해 진다.

한때 직장 축구를 할 때 엉뚱한 믿음때문에 대회 당일 새벽에는 일부러 장례 행렬을 찾아 댕기는 일마저 있었으니!

그 시간에 연습을 더 하든가 마음을 다스리는 게 옳음에도 혹시나 하는 마음에 그러나 "역시나"라는 결과만을 낳더라.

인간이 나약하면 엉뚱한 곳에 의지를 하고 이렇게 엉뚱한 믿음에 강한 집착을 보이니 참 우습다.

그런 생각이 머리를 떠나지 않는데 다른 넘들도 그런 생각이 있는지 30대 숫자의 주차장은 꽉~ 차버리고 지랄거치 주어진 락카 번호도 423번이다.

42개, 43개, 그럼 85타?

왜 스스로 꿰맞춰가며 엉뚱한 것에 집착을 하는지 모르겠다.

골프장은 온통 타오르는 불길같이 붉게 물들었다. 잔디는 푸른빛을 잃었고 가득 뿌려진 모래가 밉지만 가을이라는 이유로 오늘만은 용서가 된다.

흰 말뚝이 뭔지 빨간 말뚝이 뭔지도 모르는 동반자들은 뿌려진 모래에 적응이 되지 않는지 버벅거리며 왔다리 갔다리 헤아릴 수없는 공을 쳐대고 있다.

그런 동반자들 틈에 나사가 풀렸는지 같이 버벅거린다.

보여줄 것도 없으면서 괜한 힘만 들어간다. 그 힘을 밤에나 쓰면 사랑이나 받을 텐데 대낮에 힘이 넘쳐 이 모양이니 이것도 가을이라는 이유로 용서가 되려나?

마눌이 들으면 개코나 말도 안 되는 소리에 웃기지 말라고 하겠지. 공 잘 치는 사람보다도 밤에 힘쓰는 남자가 최고라며 죽기 살기로 달려든다면 그 일을 어쩌랴!

맨날 허벌레해서는 밤이 무서운데.

머리 속을 떠나지 않는 숫자 때문인지 짜맞추기라도 하듯이 전반에 42개를 쳐버린다.

아이구~ 지랄났네 그려~!!!

60개를 친 초보 동반자들은 42개를 쳐대도 신기한 듯 따라 댕기더니 골프장에 왜 모래 구덩이가 있어야하며 연못은 왜 만들어 놨는지 물어 댄다.

골프장 주인이 꼴리는 대로 해놨다고 할 수도 없구~!

후반들어서도 버벅거리며 버디는 하나도 구경 못했는데 오히려 초보 두 넘이 버디 하나씩을 해버리니 공이 될 리 없지! 결국 43개. 우연의 일치겠지만 우습게도 85개를 쳐버린다.

꺼억~ 꺼억~ !!

첨벙~ 첨벙~ 냉탕에 들어갔더니 콧물은 찔~찔~나고 일이 꼬일려니 주차장에 세워 둔 차마저 시동이 걸리지 않는다. 해는 서산에 걸리고 갈 길은 먼데 불러 놓은 렉카차는 오지 않고……

하루 종일 공에 끌려 다니고 이젠 차마저 끌려가는 신세가 된다.

골프장에 자주 오는 스님 한 분이 라운드를 마치고 뭐가 그리 좋은지 염불도 아닌 트로트를 흥얼거리며 지나간다. 워낙 자주 오는 스님이라 언젠가 언니한테 물어 본적이 있다.

"언니! 저 스님 공 잘 쳐요?"

"비밀!"

"스님도 공이 안 되면 화도 내고 열도 받어여?"

"그것도 비밀입니다요!"

"씨바, 뭔 비밀이 그렇게 많어?"

붉은 단풍과 함께 저녁놀이 너무도 이쁘다. 계절따라 시간따라 세상은 이리도 곱고 아름다운데 마음속은 늘~ 뭔가 숨어서 꿈틀거리고 엉뚱한 믿음과 생각이 잠재해 있으니 어떻게 해탈의 골프를 할 수 있단 말인가?

내가 비행장을 가지 않는 이유

나는 비행장의 골프장은 좀처럼 가지 않는다. 돈이 넘쳐서도 아니고 골프장을 무시해서도 아니다. 단지 어설픈 실력이지만 내 스타일에 맞지 않기 때문이다.

골프장 탓하는 넘은 미친 넘이라지만 어쩔 수가 없다. 수없는 핑계와 같이 합리화를 시켜야 하니 말야!

주변의 비행장은 나로서는 죽음 그 자체이다. 좌측은 8차선 도로라서 당기면 오비도 오비지만 존나게 달리는 차라도 맞히면 대형사고가 뻔하고 길 가던 할매라도 다치게 하여 데불고 살아야 한다면 불상사라도 그런 불상사가 없다.

할 수 없이 그쪽을 피하려고 약간만 돌아서거나 조금만 슬라이스가 걸리면 연팡 오비이다.

똑바로 치면 되잖냐고? 씨바 누가 그걸 모르냐!

그게 마음같이 생각거치 되드냐고? 한방을 보내고 나면 첫 홀부터 기분이 꿀~꿀~ 해진다.

가끔은 소나무를 등에 업고 쳐야 한다. 여름에 앉은뱅이 소나무를 업고 치는 심정!

여태 자식새끼도 한번 업어 본적이 없는데 모기떼 속에서 소나무를 업고 친다는 것은 짜증이다.

그린은 전부 냄비를 엎어 놓은 듯하다. 올리면 쭈루룩~ 올리면 쭈루룩~ 지랄난다.

풀은 사춘기의 그시기거치 듬성듬성이니 힘 조절을 할 수가 없고 고지가 코앞인지라 낮은 포복을 해야 함에도 제대한지가 오래 되어 뻘떡 뻘떡 일어서는 통에 총을 맞기 일쑤이고 모든 그린은 바다 쪽으로 흐른다는 걸 알지만 이성을 잃고 나면 어디가 바다인지도 모른다.

이런 걸 겪고 나면 솜털로부터 해서 온 몸의 털이라는 털은 전부 서고 뚜껑이 저절로 열려 버린다. 의학상으로 털이 서고 뚜껑이 열리면 눈에 보이는 게 없단다.

그런데 진짜 안가는 또 하나의 이유는 마늘이 자꾸만 따라오려고 하기 때문이다. 그린피도 싸고 집에서 가깝고 새벽 운동으로는 제격이라며 자신이 따라 가야 할 이유를 나열하며 앞장을 선다는 것이다.

나는 여자가 끼면 죽을 쑤고 특히 마늘과 같이 치면 펄떡거리던 생선에서 허물거리는 낙지로 변해 버린다. 처삼촌 벌초하듯 공에 정성이 들여 지지 않으며 잘 되던 일도 개판이 되니 마음은 아닌데 왠지 모르겠다.

그래서 그기만 다녀오면 항상 병을 갖고 온다. 없던 쌩크며 어프러치 뒷땅에 3빠따까지.

그 모두가 실력 탓이라 하던말던 핑계거리 들이다.

그래도 가끔은 가고 싶을 때가 있다. 9홀에 그린피 25,000원, 캐디피 15,000원 이면 해결되며 집에서 10분 거리에 시원한 바다 바람이 좋고 겸사하여 이쁜 도우미 언니도 볼 수 있기 때문이다.

그 골프장은 현역시절에 만든 걸로 기억한다. 뭘 만드는지도 모르고 가끔씩 동원되었는데 세월이 흘러 알고 보니 그것이 골프장이더라. 옛 기억에 억울해서라도 가끔은 밟아 봐야 한다.

1년도 넘었을 오랜만에 갔었는데 또 실망만 안고 왔다. 부킹은 해 놨지만 곳곳을 쑤셔도 짝을 맞출 수가 없는 탓에 마눌에 마눌 친구에 후배꺼정 데불고~ 어이구~ 지랄났네!

이른 새벽 때문인지 앞뒤에 팀이 없다. 동해바다는 발아래 출렁이고 잔디는 푸르며 연병장의 새벽 구보소리는 옛 시절을 추억케 한다.

오랜만에 나온 마눌은 뒷땅을 때려도 "언제 잔디가 이렇게 자랐냐!"며 입은 귀에 걸리고 몇 홀을 파를 하며 잘도 가는데 어느 사이 뒷팀 바짝 따라 오고 있다.

그만큼 우리의 진행이 늦었다는 것이다. 난, 진행이 느리고 뒷팀이 따라 오면 안절부절이다.

즐거웠던 기분도 잠시 가슴은 콩닥거리고 아랫도리는 외줄타기라

80

도 하는지 마냥 흔들린다.

그 순간 쌩크가 나기 시작하더니 심지어 10미터 어프러치마저 쌩크를 내고 지랄이다.

경력 골퍼는 그나마 설거지로 묵고 산다는데 낮이든 밤이든 설거지가 되질 않으니 우째 사랑을 받겠냐!

마눌이 "당신! 초보이냐?"며 놀린다.

"팍씨~ 오늘밤에 국물도 없는 줄 알아라."

"언제는 있었나 뭐~!"

에혀~ 내가 이래서 몬산다까!

경험상으로 쌩크는 오랫동안 따라 댕기는데 이넘의 쌩크병을 언제까지 갖고 가야 할지!

에혀~!! 늘으라는 공은 늘지 않고 핑계거리는 갈 때마다 늘어나니 이 일을 어쩌나?

구멍과 친해지는 법 1

흔히들 빠따는 돈이라고 한다. 그렇지만 내기판에 돈이 아닌 게 어디 있나? 아마추어들이 도라이바 오비내고 파를 할 확률은 조또없고 세컨 샷 미스한 넘이 파 할 확률 또한 50퍼센트도 안되는데…….

그렇게 따지고 보면 어느 것 하나 돈이 아닌 게 어디 있는가! 하지만 그동안의 미스를 커버할 수 있는 마지막 기회는 빠따 밖에는 없기에 빠따의 중요성을 강조하다 보니 "빠다는 돈이다"라는 표현을 쓰는 듯 하다.

우리가 경험했듯이 도라이바 오비낸 것 보다 세컨 샷의 뒷땅보다 더 열받 게 하는 것은 기브거리에 기브 받지 못하고 그것마저 미스하는 숏 빠따라는 것이다.

프로들이야 기브 자체가 없으니 그넘들 대가리 속은 모르겠지만 암튼, 숏 빠다의 미스는 최소한 다음 홀까지 이어진다는 것이다.

한 타의 실수를 만회하기 위해 다음홀 도라이바는 힘이 들어가고 세컨샷은 프로도 아닌 것이 깃대에 붙여야겠다는 가당찮은 짓을 한다. 제주도 온그린도 넣겠다는 욕심에 조루가 되고 1미터 남짓 빠따는 오히려 길어져 대가리가 돌고 뚜껑 열릴 일만 생기잖은가.

어느 연습장이든 빠따를 가르키는 프로는 드물며 어느 초보라도 빠따는 걍~ 집어넣으면 되는 걸로 생각하지 심각하게 받아들이지는 않는다.
"조또 모르면서 송이 캐러간다"고 도대체 뭘 알아야 말이지!
도라이바 멀리가고 아이언 똑바로 가면 해결 될 줄만 알았던 골프가 어느 날 구멍 넣기라는 복병을 만났으니 언넘이 갈켜 준적도 없고 모르는 마당에 알려고도 않았으니 될 리가 있나!
물론 첨엔 어릴 때 구슬치기 정도로 그거야 조또 아니라고 생각했겠지! 넣고 나면 조또 아니지! 허긴, 못 넣어도 조또 아니네 쩝~!
벽에 달린 구멍도 자신있다는 이충치도 포수의 불알을 향해 몇 십 센티 존에 칼거치 집어 넣는 박찬찬도 그것만은 손을 들었다는 소문이 있다.
하물며 그 방면에 명수라는 카사노바도 강남제비도 침만 질질흘렸다는데 아무튼 기준도 정석도 없는 이넘의 빠따가 골칫거리이다.

어느 골프장에 헤저드 청소를 해보니 가장 많이 나온 것이 공이고 그 다음이 빠다였으며 수리점에 가장 많이 들어오는 것이 빠따라는 믿거나 말거나한 얘기도 있지만 암튼 빠따는 분명 뒷골 땡기게 하는 종목이다.

어릴 때 가장 하기 싫었던 것은 목욕이었고 골프에서 요즘도 가장 하기 싫은 것은 빠다 연습이다. 하지만 내기판에서 진절머리나게 터지고 나면 연습을 않고는 못 배긴다.

비단 내기판이 아니라 할지라도 엉성한 도라이바에 만만하게 봤다가 귀신거튼 빠따에 녹아 난다면 대가리에 김이 날 지경 아닌가?

그런데 뚜껑이 열리고 김이 나고 휜 빠다를 들고 수리점을 찾기 전에 자신이 빠따에 대해 얼마나 많은 투자를 했는지 반문해 보라.

손이 까지도록 도라이바를 때리고 콩죽거튼 땀을 흘리며 아이언 치듯이 현기증이 나고 머리가 어지러울 정도로 빠따에 투자를 해 봤는가를!

천번 만번 허리가 휘는 애무 뒤에도 빠따가 썩으면 말짱 황이요, 화려한 도라이바에 칼거튼 아이언도 빠따가 시원찮으면 진수성찬 앞에 설사병인데 왜 투자를 않는가?

모든 운동이 마찬가지지만 빠따만큼 정직한 넘도 없으며 단기 투자에 확실한 즉답을 주는 건 빠따라는 것이다.

낮 밤 구분 없이 빠따는 생활이 되어야 하는 법. 예전엔 감각적으로 빠따를 잘한다는 소리를 들었다. 때문에 마눌로부터 "낮 빠따만 잘하면 뭐하노?"라는 핀잔도 들었지만 어느 순간 그넘의 감각 빠따가 시들고 주눅들기 시작하더니 급기야 낮 밤을 헤매는 쓸모없는 물건이 되어 버린 것이다.

앓느니 죽는다고 그만두려면 몰라도 계속하려면 무시 못할 이넘의 빠따!

슬럼프에 빠진 이넘의 빠따를 어떻게 건질 것인가? 달면 삼키고 시원찮으면 뱉어 버리면 그만인 빠따 이야기!

이상야릇한 망할 넘의 구멍과 친해지는 방법을 생각해 보자.

구멍과 친해지는 법 2

20여 년 전 우연찮게도 춤꾼을 만나 거금 10만 원을 주고 딱~ 일주일간 춤 교실(?)을 댕겨 본적이 있다.

껌껌한 골방에 낡은 전축을 틀어놓고 시커먼 덧버선을 신고는 쾌쾌한 담배연기에 코를 찌르는 향수냄새를 맡아가며. 그런데 다른 넘들은 실실 돌려 가며 척척 진도도 잘 나가는데 난, 도통 달라지는 기미가 보이질 않았던 모양이다.

어느 날 선생으로부터 "젊디젊은 자슥이 뭔 몸이 시체거치 뻣뻣하냐"는 쪽팔리는 소리를 듣고는 "씨바~ 안배우고 말지"하며 때려 치웠는데 계속했더라면 지금쯤 명동의 카바레 사장쯤 되었을지도 모르고 더럽게 풀렸으면 등쳐묵는 쪽제비가 되어 감방을 들락거렸을지도 모르겠다.

암튼, 짧은 시간이었지만 그 선생의 말 중에 기억에 남는 것은 춤을 잘 출려면 온몸의 관절이 부드러워야 하고 힘이 들어가지 않아야 하며 진정한 춤꾼은 뿅가는 미인과 손을 잡아도 아랫도리에 반응이 없어야 한다고 가르쳤다.

　골프에 미쳐있는 요즘 이넘의 운동도 예외는 아닌 듯하다. 경직된 몸과 소 잡을 힘에 좋은 샷이 나올 수 없고 집어넣겠다는 껄떡쇠거튼 욕심이 앞서면 되는 게 없으니 말야.

　지키는 구멍도 넣는 판에 주인 없는 구멍이야 넣는 넘이 장땡인데 그넘의 일이 개판이니 행복 할리가 없잖은가?

　좋다는 빠따는 다~ 써보고 이거다 싶은 폼은 복사하듯 빼끼고 따라 해도 맘대로 안 되는 것이 빠따인데 바꾸고 따라하는 것들이 일순간 분위기 쇄신이고 교본일수는 있지만 퍼~런 알약 하나로 해결될 수 있는 밤일거튼 처방은 아니라는 것이다.

　따라서 과학과 이론 앞에서는 뒤질 수도 있지만 현실적인 방법은 오로지 연습이라는 지론을 앞에 두고 조또 아닌 방법과 경험을 얘기하고자 한다.

　그동안 두루 섭렵을 해도 머리만 무거웠지 달라지는 것이 없었다. 이론 많은 아마추어 공 잘 치는 것 여태 못 봤고 무식한 넘이 용감하고 아파 본 넘이 의사인데 터지고 나면 무식하게 연습하는 길밖엔 없다.

　그래서 사무실 동선에는 전부 매트를 깔고 거실 가운데도 떡~하니 깔고 언넘이 보면 미쳤다고 할지 모르지만 터지고 미치는 것보다 연습하고 미치는 것이 떡꼬물이라도 남는 법이 아닌가!

보이면 치고 심심하면 치고 새벽에 화장실 다녀오다 팬티바람에 치고, 이때~! 어떤 흔들림(?)을 느꼈다면 하체가 움직였다는 증거인지라 빠따가 진짜 안 되는 골퍼는 벗고 쳐보면 안 되는 이유가 나온다.

할일 없는 개팔자나 하는 짓이라면 할말이 없지만 그렇다면 그린에서 거품을 물지 말아야 한다.

쉼 없이 100개를 치고 나면 머리가 어질~ 어질~하고 현기증이 난다. 그건 운동도 연습도 아닌 막노동이며 성질 테스트하는 것밖엔 안 된다.

그것도 100개를 바구니에 담아두고 친다면 다 치기도 전에 돌아 버린다. 절반도 못 친 상태에서 내가 왜 치는지도 모르고 갯수를 줄여야 한다는 부담에 정말 짜증이 나고 계속 쳐야하는지를 의심하는 심리적 동요가 생긴다.

때문에 10개의 공만으로 치는 것이 상당히 효과적인 방법이다. 10개의 공으로 10번만 친다는 생각이면 100개 치기는 쉬우며 하루 5회에 걸쳐 500개의 연습은 마음먹기에 달렸다는 것이다.

보통 연습매트는 3미터정도지만 제대로 하려면 두 개를 붙이든가하여 최소 6미터 이상의 길이는 확보하여야 효과적이다. 3미터거리의 변화가 3이라면 6미터거리의 변화는 10이 될 수 있기 때문이다.

똑같은 위치에 똑같은 거리라면 며칠 내 길을 알기 때문에 한정된

여건 내에서 다양한 변화를 줄 필요가 있을 것이다.

매트 밑에 볼펜을 집어넣든가 신문지를 접어 넣는 방법이다. 또한 하루에 몇 개 정도의 연습은 매트가 아닌 같은 거리의 마루바닥 연습으로 빠른 그린 또는 내리막 적응력을 키울 필요도 있다.

근데, 아파트에 사신다면 아랫층의 통침은 감수해야할 듯!

그린 주변 3미터 정도라면 난 무조건 빠따를 든다. 겨울철엔 10미터 이상에서도 무조건이다.

어느 넘이 "야~! 얍쌈하게 그기서 빠따를 들이대느냐?"고 개지랄을 하며 긁어대도 그것이 확률이 좋으니까!

그런데 이것도 연습이 없으면 3빠따보다도 더 뚜껑이 열린다.

"씨바~ 7번으로 굴릴껄~!" 하면서 무릎을 칠 것이다. 그래서 매트 위에 대형 타올을 깔고 연습 해보길 권한다. 프린지의 저항과 다를 바 없다는 느낌이 올 것이다.

보통 골프화의 뒷굽은 25~30m/m정도로 일반화와 비슷하지만 앞부분만큼은 골프화가 두 배가량 높기 때문에 중심의 변화가 따른다.

이는 구두든 슬리퍼든 닥치는 대로 신고 연습하는 분들은 한번쯤 짚어야할 문제이며 또한 거실에서 맨발로 연습을 한다면 그린에서 30m/m의 변화가 어떤 결과를 초래할지를 의심해야한다.

숱하게 봐 왔고 귀에 못 대가리가 박힐 정도로 들었던 뻔~한 얘기 몇 가지!

우리 여건상 돈 안내고 연습할 곳은 백사장의 뺑커샷 밖엔 없는데 씨바~ 그것도 재수 없게 지나가는 넘 대가리라도 깨면 그것도 돈이니. 하지만 30분만 일찍 골프장에 도착하면 연습그린은 공짜이다. 롱 빠따부터 시작하여 홀컵에 다가오는 방법으로 연습하는 것이 좋다.

아무리 연습이지만 숏 빠따의 실수부터 출발하면 그 날은 주눅들고 대가리가 돌거나 김이 나거나 뚜껑이 열릴테니!

빠따는 세컨 샷부터 시작된다는 걸 알아야 한다. 그린의 상황은 그 지점부터 윤곽이 나온다는 얘기!

설계의 기본상 그린 전체의 흐름은 앞보다 뒤가 높으며 산쪽보다 뺑커나 헤저드쪽이 통상 낮다는 사실!

때문에 세컨 샷부터 걸어가면서 그린을 읽는 습관을 가져야 한다.

그린은 잔디를 깎는 그린모아의 방향에 따라 결이 달라진다. 통상 다이아몬드 형태를 유지하는데 평이한 그린은 26인치 그린모아를 사용하며 브레이크가 심하거나 정교하게 깎을 때는 22인치 기계를 사용하는데 즉, 한 방향의 폭은 22~26인치라는 뜻으로 롱 빠다의 경우 역결과 순결을 넘나들기 때문에 참고하여야 한다.

하지만 기계에 의한 역결과 순결은 깎을 때마다 달라질 수도 있으며 기본적인 잔디결은 미세하지만 해가 뜨는 방향에서 지는 방향으로 눕는다는 사실!

또한, 시즌의 그린은 4~4.5m/m 정도의 길이이며 장마 또는 비수기는 5.5~6m/m라는 사실도 도움이 될런지.

학교 댕기면서 한 번쯤은 컨닝을 해 봤을 것이다. 상대의 도라이바는 비록 정답이라 할지라도 무조건 외면해야 하지만 빠따에서 컨닝은 필수! 때론, 어설픈 컨닝은 로뎅을 오뎅으로 만든다는 걸 알아야 한다.

동반자가 빠다를 할 때 멍청하게 돌아서서 연습하는 사람이 있다. 상대의 실수꺼정 읽어야 하는 판에 어젯밤 구멍만 생각한다면 질투 심한 낮 구멍은 분명 외면을 할 것이다.

뒷팀 생각하고 상대 생각이 지나치면 물 빠다가 된다. 또한 순서 없이 먼저 치겠다고 거리가 먼 동반자가 있는데 홀 아웃하겠다는 성질이 개떡거튼 골퍼는 승률이 조또~ 없는 건 말밥이다. 근데, 어떤 넘은 다음 순서를 기다리는 상대방의 김을 뺄려고 질~질~ 끄는데 이런 자슥은 그린위에 엎어놓고 존나게 패~줘야 한다.

아침에 설 것이 서지 않으면 돈도 빌려주지 말고 빠따 짧은 넘한테는 딸도 주지 말라는 개코거튼 말이 있다.

그것이 뭔 관계가 있겠냐마는 빠따는 무조건 길어야 한다. 들어가지는 못해도 지나치면서 망할 넘의 구멍이 우째 생겼는지 구경이나 해야할 것 아닌가!

때문에 1미터 짧은 것 보다는 1미터 긴 것이 무조건 좋으며 다음 빠따가 쉬워진다.

컵 1미터 주변은 수 백 개의 발자국이 지나 갔기 때문에 생각 외로 변화무쌍한 라인을 가지고 있다. 특히 비가 오거나 눅눅한 날씨에는 컵이 솟아 오른 듯이 홀 주변이 발자국으로 내려 앉아 있어 숏 빠따의 함정을 만든다. 방심하고 약하게 치면 무조건 흘러버려 조~또의 노랠 불러야 한다.

품이 큰 바지는 입어도 기장 짧은 바지는 못 입는다?

품이 크면 둘~둘~ 말아서라도 입겠지만 길이가 맞지 않으면 지랄이다. 방향보다는 거리에 더 신경 쓰라는 얘기지여!

똥마련 개거치 왔다갔다하며 방향을 보고는 막상 거리가 절반도 못 간다면 방향은 의미가 없는 것 아닌가?

아무리 접대 골프라도 빠따 만큼은 양보하지 말라.

오비 한방 내주고 짧은 아이언 잡아 파를 미스하는 아량은 베풀어도 감각과 신중에서 얻어지는 빠따 만큼은 너무나 정적이기 때문에 무너지면 한참을 헤맬 수도 있다는 것이다.

때문에 밤일도 이렇게 끝내주느냐는 비아냥은 들어도 빠따는 양보하지 말아야 한다.

빠따 만큼은 정석이 없다는 말이 요즘 들어 깨지는 듯 하다. 그 만큼 우리는 정보의 홍수 속에 빠져 있다.

이말 저말 다~ 맞는 말이지만 빠따는 마음이고 잔머리보다는 연습이다. 그 뒤엔 넣어야겠다는 욕심보다 넣을 수 있다는 의욕으로 끝없이 자신을 격려하고 마음을 다스려야 한다.

때문에 낮이든 밤이든 구멍 앞에 겸손할 줄 알아야 즐거움도 있고 행복이 따르지 않을까?

모름지기 버디 한두 개에 웃는 일보다 3빠따 앞에 우는 일이 없는 빠따가 되어야 한다.

PART 2

요즘 골프가 그렇다.
룰도 없고 매너도 없고 꼴리는 대로 치다보니
싱글 스코어를 쳤다고 해도 믿을 수가 없고
상을 타고 우승을 했다 해도 믿을 수가 없다.

그렇게 시커먼 양심에 흰 공이 왠말인가?
그런 넘들에게는 먹물이 가득 담긴 시커먼 공을
치게 했으면 좋겠다는 생각이 자꾸만 든다.

룸살롱의 삼촌

돈의 사이즈와 칼라가 달라진단다. 돈의 형태가 달라진다고 해서 우리 생활에 조지나~ 뭐가 달라지며 뭔 도움이 되겠나?

돈이 A4 용지만해서 짊어지고 댕겨도 지갑을 여자들 핸드백거치 메고 댕겨도 하물며 베개 대용으로 쓰는 한이 있어도 한 많은 돈! 많이만 있었으면 좋겠구만!

근데, 돈이 A4용지 정도면 내기 골프에 고스톱에 도둑들이 갖고 튀기도 그렇고 여러 가지로 조금은 불편하겠네. 쩝!

20여 년 전 자가용이 그리 흔하지 않을 때 부모 잘 만나서 고급차를 끌고 댕기는 넘이 있었는데 우리는 그 넘을 꼬셔 가끔씩 모가지에 힘주며 볼일도 없으면서 시내를 배회하곤 했다.

어느 날 친구들과 의기투합을 하여 장거리를 뛰기로 하고 주말 놀이를 가는데 트인 길에 무지막지 밟다가 그만 과속으로 경찰 단속에 걸려 버린 것이다.

경례를 붙인 경찰이 씨~익~ 웃으며

"젊은 사장님들 차가 좋습돠~!"

그땐 흔한 행동이었으니 친구 한 넘이 "씨바~! 인사해서 보내라"고 했고 그 친구는 지갑을 뒤적이더니 경찰의 외투 속에 한 장을 쓱~ 집어넣어 준다.

한 번 걸린 관할 선로에서 다시는 잡지 않는다는 그들의 의리(?)를 알기 때문에 다시 존나게 밟았다. 얼마나 갔을까 경찰 오토바이 한 대가 왱~왱~거리며 따라 오는 것이 아닌가?

우리는 이미 줬으니 아니라는 생각에 속도를 내는데 경찰은 정지 손짓을 하며 자꾸만 따라 오는 것이다.

할 수 없이 차를 세우니 그 넘이었다. 처음 걸렸을 땐 목소리를 깔았지만 한 번 줬기 때문에 큰 소리로,

"이바여? 왜 따라 와여?"

경찰은 밖에서 창문을 더 내리라고 손짓을 한다. 그러고는 대꾸도 없이 내린 창문사이로 1천 원짜리를 던지고는 휙~ 가버리는 게 아닌가. 허걱~?

"야? 너 천 원짜리 줬냐?"

"아녀~ 5천 원 줬는데 이상하다?"

알고 보니 친구 넘이 딴엔 인심을 쓴다고 5천 원을 준다고 준 것이

돈 색깔이 비슷한 천 원짜리를 외투에 집어넣어 준 모양이다.

경찰이 나중에 주머니를 보니 천 원짜리인지라 자존심이 상할 대로 상하여 뒤따라 와서는 "잘 처묵고 잘 살아라"는 듯이 돌려 준 것이다.

씨바! 당연히 5천 원인줄 알고 "조심해서 가십시오"하며 정중한 인사에 거수경례까지 했는데 얼마나 기분이 상했으면…….

얼마 전 멀리 있는 친구 넘과 오랜만에 룸살롱을 갔었다. 경기가 개판이라 그런 곳은 꿈도 못 꾸지만 너무도 오랜만에 만난 친구이고 술이라는 게 먹고 나면 술이 술을 먹고 꼭지가 도는 법! 오랜만에 칠라닥~ 팔라닥~ 해파리가 되었는데 어느 룸살롱이든 계산하고 나오면 삼촌이라고 하여 대가리에 무스를 바르고 심부름을 하는 넘들이 있는데 마담들이 "오빠! 삼촌 용돈 좀 줘라"며 부추기고 그들이 도열하여 인사를 하는데 걍~은 나올 수가 없잖은가!

원래 남자라는 동물들은 늙어도 오빠라는 말에 지갑을 열고 여자들은 분위기에 자빠지는데 어쩌겠나? 아깝지만 버디 값으로 생각하고 2~3만 원정도는 빼준다.

골프장 도우미들은 라인도 봐주고 클럽도 갖다 주니 버디 값도 아깝지 않지만 이것들은 조또~ 하는 것도 없으면서 버릇을 더럽게도 만들어 놨더군!

할 수 없이 2만 원을 주고 나오는데 잠시 후 그 넘이 따라 나오더니 "사장님 이건 천 원짜리인데엽?" 하며 바꿔 달라는 게 아닌가!

술김에 만 원짜리 한 장에 천 원짜리 한 장을 준 모양이다. 그래도 그렇지! 주면 주는 대로 받지 바꿔 달라는 게 어딨냐? 내가 씨바~ 너한테 물건을 팔았냐?

그게 어디 정부에서 승인한 협정 가격이냐? 팍~씨~! 때렸뿔라!!

그렇다고 "야~임마! 2만 원 준 게 아니라 1만 천 원을 준거야"하면 괜히 줄 것 주고는 쪽팔리는 일이잖아!

20년 전의 교통경찰의 양심(?)과 20년 후 룸살롱 삼촌의 행동에 웃음이 나온다.

된장 발라 버린다

10년도 넘은 골프에 연습장이라고는 구경도 못했는데 어쩌다가 피치 못할 사정으로 며칠 동안 다닐 기회가 있었다. 말이 연습이지 워낙 연습장 체질이 아닌 터라 노닥거리다 오는 표현이 맞을 듯하다.

근데, 언제부턴가 그 연습장에 똥개는 아닌 듯한 온통 털을 뒤집어 쓴 개 한마리가 다니는 것이 아닌가? 똥개밖에 모를 정도로 취미가 없으니 종류는 알 수가 없었다.

취미를 갖지 않은 것은 짐승이라면 기겁을 하는 내숭쟁이 마눌 땜도 아니고 애비처럼 게을러 터져 개똥 치우는 것조차 싫어 할 것 같은 자식 땜도 아니다. 단지, 키우는 즐거움과 먹는 즐거움을 함께 할 수 있는 뻔뻔스런 성격이 아니기 때문이다.

아무튼 그날 이후 애비가 누군지 애미가 누군지 모를 그 개 새끼가 어떻게나 뽈~뽈~거리며 다니는지 불안하기 짝이 없다.

타석마다 돌아다니며 바지가랑이를 물고 늘어지는데 성질 같아서는 걷어차 버리고 싶지만 그래도 몇몇은 귀엽다며 끌어안고 비벼가며 꺼~먼 주둥이에 입을 맞추는데 그럴 수도 없구! 주인이 누군지 몰라도 기둥에 매어 놓든가 해야 할 것 아닌가!

며칠을 가도 그 모양인데 어느 날 성질이 더러운 넘한테 걸려 버렸다. 몇 번을 "저리 가라"며 삿대질을 했건만 그 넘이 말을 들어야 말이지. 급기야는 아이언으로 타석을 내리치며 고함을 버럭~질러 버린다.

놀란 개새끼! 깨갱~거리면 십리만큼 도망을 치는데 그때서야 저 만치에서 푸짐하게 뛰어 오는 아줌마!

소란스럽던 연습장은 일시에 쥐죽은 듯 조용하고 멀뚱~멀뚱~ 그들을 주시하는 관중(?)들!

50대 중반인 듯한 아줌마는 준비도 없이 바로 삿대질이다.

똥뽀 아줌마: 당신이 뭔데? 말 못하는 짐승한테 고함을 치는겨?

성질 더러운 넘: 아줌마가 개 주인이오? 데불고 왔으면 관리나 똑
　　　　　　　　　바로 하쇼! 도통 불안해서 연습을 할 수 있어야 말
　　　　　　　　　이지.

똥뽀 아줌마: 자식같이 키웠는데 놀라서 병이라도 나면 당신 책임
　　　　　　　　질껴?

성질 더러운 넘: 자식이면 교육을 잘 시키든가 왜 끌고 와서 분탕
　　　　　　　　　이야!

두 사람을 가운데 두고 색다른 구경을 하던 관중들도 그때서야 모두들 웅성거리며 아줌마를 탓하는데……

똥뽀 아줌마: 짐승을 우째 교육을 시켜? 어떻게 키운 자식인데~!
성질 더러운넘: 아줌마 땜에 며칠째 연습장이 개판된 거 알아여 몰라여?
똥뽀 아줌마: 다른 사람은 아무 말도 않는데 당신이 뭔데?
성질 더러운 넘: 아줌마! 그렇게 교육이 안 된 자식거트면 집에 재우고 오든가 업고 치든가 해야지 왜 연습장까지 데려와서 분탕이야! 씨벌~! 한번만 더 돌아 댕기면 된장을 발러 버릴꺼다!!

할 말을 잊은 똥보 아줌마는 분을 삭이지 못하고 펑~펑~ 울더니 웅크리고 있는 털북실이를 안고는 사라졌는데 그 뒤로 연습장에서는 볼 수가 없었다.

개 밥을 줄 형편도 못 될 때와 비교하면 세상 많이 변했다. 수 백 만 원 짜리 개 옷과 개집이 있다지만 이런 걸 탓할 수는 없다.

애완견 점포 옆에 보신탕집 차린다고 누구라도 말할 수 없듯이 키우는 걸 좋아하든 먹는 걸 좋아하든 그들의 취미이고 취향일 뿐이다. 하지만 공공의 장소에서는 최소한의 예의는 지켜야 하지 않을까?

이러다 골프장에 마저 개를 끌고 나오지는 않을지 걱정스럽다.

시커먼 양심

한동안 수능 부정 사건으로 몸살을 앓았었다. 세상천지 경쟁 없는 것이 하나도 없으니 어제 오늘의 이야기는 아니지만 경쟁과 욕심이 부른 산물인 것 같다.

한 번의 시험으로 전체를 평가받는다는 것이 어쩌면 억울하고 명문 대학만이 인정받는 사회적 모순에서 기인된 원인도 있다.

옛날엔 도둑질하지 말고 눈 속이지 말라는 교육도 있었는데 요즘은 그런 인성 교육은 간곳없고 오로지 앞만 보고가라는 경쟁 교육뿐이니 세상이 이렇게 될 줄을 왜 몰랐는지?

며칠 전에는 꽤 규모가 큰 대회에 참가했었다. 봉사단체에서 주최하는 자선 골프였는데 대회에 걸맞게 곳곳에 대형 현수막이 걸리고 300명에 가까운 덕망(?)있는 분들이 대거 참석을 했다.

봉사금을 내고 모르는 회원간의 우의를 다지는 대회였지만 분명 대회 룰이 있음에도 눈꼴 사나운 일들이 많았었다.

상품이래야 꼴랑 쇠붙이 트로피가 고작인데 경쟁을 하고 집착을 하며 동반자의 눈을 속이고 부정을 저지르니 말야!

어른들이 사소한 경기에도 그렇게 눈이 어두워 그 모양 그 꼴인데 학생들의 소행이야 나쁘지만 어쨌든 평생을 좌우하는 길목이니 그들의 고통을 그 순간만큼은 1퍼센트라도 이해를 하고 싶어지더이다.

평소 그렇게 공을 쳐 왔는지는 모르겠지만 너무도 뻔뻔스럽게 공을 옮기고 산중턱의 공도 벌타 없이 들고 내려오며 1~2 미터는 기본거치 기브를 줘버리니 이게 무슨 골프며 대회라고 할 수 있는지?

어떤 넘은 첫 홀은 무조건 보기로 적으라고 하는가 하면 분명 더블 보기인데도 보기라며 우기고는 자신이 오너라며 티박스에 먼저 올라서니 빳빳한 성질의 후배는 말도 못하고 열이 받혀 쪼루를 내버렸다나!

또 한 넘은 밤새 뭘 했는지는 모르겠지만 헐떡거리며 늦게 도착하여 첫 홀을 빼먹었는데도 버젓이 보기로 적어 상권에 들었으니 웃기는 일이지!

요즘 골프가 그렇다. 룰도 없고 매너도 없고 꼴리는 대로 치다보니 싱글 스코어를 쳤다고 해도 믿을 수가 없고 상을 타고 우승을 했다 해도 믿을 수가 없다.

그렇게 시커먼 양심에 흰 공이 웬말인가? 그런 넘들에게는 먹물이

가득 담긴 시커먼 공을 치게 했으면 좋겠다는 생각이 자꾸만 든다.

골프도 어쩌면 끝없이 배워야하는 평생 교육이며 운동인데 요즘은 그저 두들기는 어설픈 기술만 가르쳤지 룰이나 매너 등의 인성교육은 배우지도 가르치지도 않으려고 하니 골프가 어떻게 변질되어 어디로 갈지 모르겠다.

어느 교사가 입학 부정사건을 반성하며 인터넷에 올린 참회의 글을 읽으면서 많은 것을 느낀다.

"양심을 가르치지 못하고 진실을 가르치지 못하고 잘못을 잘못이라고 가르치지 못한 자신의 잘못이다."

골프도 다를 바 없이 모두가 반성하며 곱씹을 말이 아닌가!

봄나물 비빔밥

요즘 골프장들이 명문을 지향한다며 경쟁처럼 이름을 바꾸는가 하면 코스 뜯어 고치기에 열을 올리고 있다. 기존코스를 바꾸는가 하면 없던 헤저드를 만들고 빵카를 만들고 멀쩡한 그늘집도 때려 부수기도 한다.

어차피 필요하다면 해야겠고 고객을 위한다면 좋은 현상 일지모르지만 그린피는 산같이 올려놓고도 그것만이 써비스라고 생각하는지 답답하다.

호박에 줄 긋는다고 수박되는 것도 아니고 대궐거튼 하우스에 시퍼런 헤저드 많다고 하루 아침에 명문되는 것도 아닌데 개떼거치 불러 놓고는 치든가 말든가 돈통 챙기기에 급급하고 손님이야 묵든 말든 끓여 내놓으면 그만이라는 주방장이 주방을 지키는 한 명문은 물 건너 간 것 아닌가?

손넘이 개끓듯하는데 뭔 개짖는 소리냐며 똥배를 내민다면 방법은 없다. 하지만 남의 돈을 먹으려면 제대로 해놓고 해주고 먹으라는 것이다.

어느 골프장!

언제적 끓여 놨던건지 해장국 속의 무우는 흐물거리고 며칠을 끓였는지 쫄아 빠져 이건 훈련소 소금국도 유분수지 짜도 너무 짜다니까 잠도 덜 깬 듯 여직원이 하는 말!

"뜨거운 물 좀 넣어 드릴까여?" 하며 묻는다.

개밥도 아니고 짜다니까 물을 부어 준다니 말이 되는 소리인가!

그러고도 가격은 자그마치 9,000원이란다.

어느 날은 "봄나물 비빔밥"이라며 뻘~건 글씨로 써 붙여났기에 봄이고 하니 구미가 땡기는건 누구나 마찬가지 아닌가! 그런데 이건 완존히 빛 좋은 개살구야.

씨벌~ 봄나물 구경도 못했는지 비닐하우스 상추 몇 잎에 달래 몇 쪼가리 넣고는 봄나물이란다.

나물비빔밥이라면 5,000원 받을 걸 "봄"자 하나 집어넣어 꼽빼기를 받아먹으니 어느 미친 넘이 골프장에서 밥을 사 먹겠냐 말이다.

내 집에 들어온 손님인데 맛있게 싸게 하나라도 더 팔 생각은 않고 턱도 없는 가격에 거저 먹으려고 하니 기가 찰 노릇이다. 그러니 골프장 주변에 식당들이 늘 수밖에 없지. 그러고도 음식물 반입금지라는 공고나 써 붙이고 말야.

갈증이 나도 집었다하면 2~3천 원인데 손이 갈 리 없고 3~4개 묶어 1,000원하는 초콜릿이 하나에 1,000원이라면 어느 아줌마 골퍼가 선뜻 손이 가겠냐 말이다.

이거야 원! 점빵 없는 산골도 아니고 달나라도 아닌데 자기네 집에서 사먹지 않으려면 굶으란 격이니 부킹에 코가 꿰어 더러워도 말없이 따라 가지만 우리나라거치 이렇게 불쌍한 골퍼들도 없을 듯 싶다.

한 달이 지나도 계절이 바뀌어도 변하지 않는 메뉴, 몇 년째 붙여 놨는지 파리똥이 득실~득실~한 메뉴판, 삐~딱한 티박스! 비만 오면 질퍽거리는 페어웨이, 평일 휴일 구분 없이 멋대로 꽂혀 있는 깃대!

이렇게 사소한 것들 하나하나 고치는 것도 곧 명문으로 가는 길임을 알아야한다.

하우스가 화려하고 코스가 팔이 빠지게 길며 헤저드가 호수를 이루고 키 높이 빵카가 즐비하다고 해서 명문이고 알아주는 골프장은 아니다. 화장실에 비싼 양탄자 까는 사치보다도 입구에 서서 인사하는 겉치레보다도 모든 골퍼들의 바람은 "정당한 대가를 치르고 편하게 즐겁게"일 것이다.

또한, 무작정 그린피를 올리는 능사보다도 고객을 머물게 하여 또 다른 수익을 창출하는 것이 새롭게 정립되는 명문이 아닐까 싶다.

쌀한 가마니

대중화를 위해 특소세를 내린다고 했을 때 너나 할 것 없이 이제 올 것이 왔다고 흥분했으리라. 하지만 쥐꼬리만큼 내린 세금보다 그린피를 더 올려 버리는 아이러니 속에서 골퍼들은 허탈할 뿐이다.

마눌이 골프를 모를 때 골프 한 번 치는데 얼마냐고 묻길래 "이것저것 해서 5만 원정도 할려나?"하고 얼버무렸는데 어쩌다 그 후 들통이 나면서 한마디로 미쳤다고 난리였다.

어떻게 몇 시간만에 쌀 한 가마니를 산자락에 뿌리고 다니느냐는데 변명할 말이 있어야지!

내기 붙어 개 박살난 돈을 포함하지 않았는데도 저렇게 미친년 널뛰듯이 방방 뛰는데 내기해서 터진 돈마저 안다면 아래 위 할 것 없이 한달은 족히 굶어야 할 것이다.

세월은 흘러 마눌도 쌀가마니를 메고 잔디밭을 찾고 있다. 쌀독은

바닥인데 우리 집은 일찍 미치고 늦게 미치는 차이일 뿐 그렇게 같이 미쳐가고 있는 것이다.

한번은 퍼브릭 골프장의 그늘집에서 고성이 오가길래 뭔 일인가 엿들었더니 외국 생활을 하던 노부부가 갖고 온 음식을 그늘집에서 먹는다고 물도 못 먹게 하고 자리가 없다고 나가란다며 이런 골프장이 어딨냐며 항의를 하는 것이었다.

노부부는 "퍼브릭에서 그 만큼의 그리피를 받고도 그늘집도 이용 못하게 하고 물도 못 마시게 하는 곳이 여태 살면서 세상 천지에 처음이다"며 분을 삭이지 못했다.

우리의 현실을 이해시키고 설명할 수는 없었지만 보는 것조차 개운찮았으니 답답할 노릇이었다.

제도를 보든 요금을 보든 이곳이 퍼브릭인지 회원제인지 도대체 이해가 안 되는 것이 우리나라의 골프장들이니 대중화는 요원하고 헛구호 일수밖에 없잖은가!

이러한 일들이 어제 오늘의 일은 아닐테지만 이제는 현실을 직시하는 눈이 필요하지 않을까 싶다. 바람빠진 축구공 하나만 있으면 수십 명이 뛰어놀텐데 수백억 원을 들여 골프장 짓고 쌀가마니들 메고 가서 놀 필요가 있느냐면 누군들 할말이 있겠나!

하지만 이러한 욕구가 추세이고 또 시대적 흐름이라면 발 빠른 대응이 따라야 하지 않을까?

세금은 산을 이루고 행정 절차는 뭐가 그리 복잡하여 도장을 700개도 넘게 찍어야하고 주민의 반대 아닌 반대에 곤욕을 치르다보면 성질 급한 넘은 골프장을 지으려다가 대가리가 돌아 버리고 허가 기다리다가 자빠질 판이다.

이렇게 재반 지원이 따라 주지 않는데 등신이 아니고서야 재력가들이 뭉칫돈을 들여 퍼브릭을 짓겠냐 말이다.

같은 땅에 공장을 지으면 말이 없는데 골프장을 짓는다면 난리를 치는 모순이 생기며 덩달아 없던 단체와 조직들이 갑자기 생기고 나타나는 것도 우스운 일이 아닌가?

빽~하면 환경을 말하지만 공사중일 때야 파괴라고 볼지 모르지만 쓸모없는 민둥산에 나무를 심고 잔디를 깔아 수익을 창출하는데 무엇이 문제가 되며 환경파괴를 운운하는지 모르겠다.

필자도 골프장을 만들고 운영 책임자로 다년간 근무를 했지만 농약 또한 논농사와 밭농사에 비하면 사용량은 절반도 되지 않으며 그 농약들은 모두가 논밭에서 5~10년 전에 사용했던 것들이다.

즉, 아무리 병충해가 심해도 골프장에서는 규제농약 범위에 들어가는 제품은 사용을 할 수 없지만 농사에는 규제가 없다는 것이다. 때문에 오염을 따진다면 오히려 논농사, 밭농사가 더 심한 것인데 그러한 농산물들을 우리는 여과 없이 먹으면서 골프장 오염을 탓하니…….

이제는 행정도 달라져야 하고 이기주의도 사라져야 한다. 다행히 근간에 그린벨트를 완화하여 대중골프장을 지을 수 있도록 법을 고친다는 보도를 접하고 그나마 다행으로 생각한다.

지방자치단체에서도 재정 자립을 위하여 노력하는 마당이니 유휴지를 활용하고 녹지를 조성하며 지역경제에도 도움이 되는 골프장의 건설에 대해 지역민의 많은 이해가 필요할 것이다.

쌀 한가마니 값의 그린피를 들고 골프장에 갈 필요가 없고 새벽부터 골프장에 줄을 서지 않아도 되며 준비해 온 김밥을 떳떳하게 펴놓고 먹을 수 있는 그런 날을 기다려본다.

아~열 받어

비온 뒤의 날씨는 너무 맑았다. 들판엔 무릎까지 자란 파란 보리며 눈꽃같이 피어난 사과꽃은 너무도 하얗다.

오늘은 모임의 춘계대회가 있는 날!

상품권 수십만 원짜리가 걸려도 담담하게 받아들이던 회원들이었는데 금덩어리가 걸리니 눈빛이 예사롭지 않다.

클럽을 잡아 본지도 일주일이 넘었는데 조편성을 보니 아뿔싸! 이럴 수가.

말 그대로 죽음의 조! 갑자기 힘이 빠지고 신혼 새벽같이 아랫도리가 후들거린다.

후배! – 집구석 가구 배치보다 골프장의 수목배치를 더 잘 알고 하
　　다못해 러프 속에 주먹만한 돌마저 기억하는 그 골프장을

빠꿈하게 읽는 싱글.

선배! - 언젠가 터진 원한을 갚기 위해 나를 죽음의 조로 밀어 넣은 장본인! 마누라 생일은 까먹어도 캐디들 회식은 우째 아는지 꼭 스폰 서를 한다.

친구! - 오늘 이야기하고자 하는 넘이다. 인간성 더럽고 공 매너? 땅에 박힌 볼을 스푼으로도 기가 막히게(?)쳐 내며 골프채? 짝 맞는 게 없고 그립은 닳아 샤푸트가 보여도 반창고로 칭칭 감아 댕긴다.

긴장감 속에 Out을 돌고 난 성적!

후배34, 선배38, 친구36, 나43! 죽을 맛이야!

머리는 어질어질하고 집에 가고픈 생각이 굴뚝 같지만 그넘이 한번은 흔들어 줄 것만 같은 미련에 버티는데 그 넘은 흔들 조짐도 없으니 돌아버릴 지경이 아닌가!

줄버디 3개를 잡아 가던 후배는 이글퍼팅을 기다리고 후배와 엄청 친해 보이는 도우미 둘은 나한테는 관심도 없고 잘 치는 넘만 따라 댕기니 다리 밑에 버린 자슥이 되어 버렸다.

도우미1: 사장님! 이글하면 호텔뷔페 사주세염!

도우미2: 저도 끼워 주세여~ !

그러고는 두 명이 "왼쪽으로 보세요~ 오른쪽으로 보세요!"

씨바~! 온갖 난리 부르스를 추고 있다. 난, 물어도 말도 않더니 공

못 치는 넘은 인간도 아닌지!

　문제의 미들 홀이다. 두 명의 선후배들 도라이바 멋지게 보내는데 친구와 나는 경쟁이나 하듯 미들홀을 롱홀로 만들어 버린다.

　친구의 공이 소나무 10미터 뒤에 붙었는데 공격적으로 갈려는지 롱 아이언을 뽑더만 아니나 다를까 나무를 맞고 옆에 똑딱!

　이제는 그린마저 보이질 않는데 또 장칼을 휘두르니 이번엔 오비!

　13개 홀을 개끌리 듯 끌려온 나에겐 최고의 선물이다. 그런데 이자슥 오비난 공을 주워서는 친 곳으로 가지 않고 그린이 보이는 쪽으로 쩌벅 쩌벅 나와서 치는데 온그린을 시킨다.

　첫 빠따는 이자가 더 많아 남은 거리는 3미터!

친구: 언니! 이거 집어 넣으면 뭐꼬?

도우미1: 따불요!

친구: 따불은 해야 할낀데…….

나: 이런! 그것이 우째 따불이야?

도우미1: 싸장님! 왜 따불이 아니란 말인교? 이렇고저렇고 해서 따
　　　　불 아닌교!

나: 똑바로 계산해봐?

1, 도라이바 치고

2, 소나무 뒤에서 쳐서 나무 맞히고

3, 나무 옆에 떨어진 것을 쳐서 오비내고

4, 중간으로 들고 나와 다시 쳐 온그린 했잖아!

5, 첫 퍼터 길어서 여기 있는데 이걸 집어넣으면 따불이라고?

내 말이 틀려? 오비 벌타는 어디에 팔아 묵었는데?

아가씨는 상당히 고참거튼데 그렇게 편들고 싶으면 세컨 샷할때 무리한 공격하지 말라고 어드바이스나 하지 스코어 속여가며 편들려구 하나?

아가씨도 머쓱~! 그넘도 머쓱~!

그러면서 동반자가 기브를 준 빠다인데도 그 넘은 기브가 아니라며 치란다. 씨펄~!기브도 성질대로 꼴리는 대로 주고 말고 하는 건가?

공이야 잘 칠 수도 못 칠 수도 있는데 오비를 내고 어디서 화풀이를 하는지 "10년 넘게 공을 치고도 아직 그 버릇 개 못줬네"하고 속을 뒤집으니 더 말을 않는다.

다음 홀부터는 덫에 걸린 짐승거치 푸드득~푸드득~하는데 따블은 보통이고 양파꺼정 해대니 입이 댓발이나 나온다.

이후, 어느 정도 분위기가 가라앉은 느낌이 들었는데 뷔페를 사달라던 문제의 그 도우미가 또 설친다. 이글은 못해도 버디를 여섯 개나 잡았는데 뭐 없느냐며 후배를 따라 댕긴다.

참~! 욕이 저절로 나오지만 그래도 참았다.

마지막 홀!

친구 넘이 또 오비를 낸다. 잃은 걸 만회하려는 듯 소 잡을 힘으로 치니 그럴 수밖에 없지.

그러고는 트리풀 보기를 했는데 그 문제의 도우미가 기록하는 도우미에게 "OB낸 거 빼고 보기로 적어라"는 것이다.

이런 엿 같은 경우가 있나? 명색이 60명이 모인 대회인데 기가 막힐 노릇이다. 그 도우미 두 명이 골프장에서 이름 난 능구렁이라는 걸 알았지만 어떻게 이럴 수가 있나!

뷔페만 사주면 마음대로 스코어를 조작해 주고 돈만 주면 꼴리는 대로 알도 까줄 수 있단 말인가? 직업 정신이 이래서 어떻게 도우미를 하는지 원!

샤워장에서 그 넘은 미안하다고 사과를 하면서 골프 10년에 아직 싱글 스코어를 못 쳐봤기에 오늘은 꼭하고 싶어 욕심을 낸 것이 좀 심했다는 것이다.

어쨌든 그 넘은 도우미들의 노력(?)으로 준우승을 했고 뻔뻔스럽게도 트로피를 들고 웃고 있다.

즐거워야 할 18홀이 능구렁이 같은 도우미로 망쳐 버렸고 욕심이 목까지 차오른 친구 넘 때문에 씁쓸하기만 하다.

기브가 뭐길래

골프란 원래 "있는 그대로~ 법대로~ 룰대로~" 이잖은가!

프로는 그렇게 하고 아마추어는 생략하라는 법도 없는데 우째 된 판인지 요즘 따라 탈법(?)들이 너무 많다.

뻑~ 하면 멀리건이고 산위에서 들고 내려와도 1타만 먹고 홀컵 주변에서는 꼴리는 대로 기브를 줘 버린다. 가끔은 아마추어 대회에서도 프로거치 해보자고 하지만 가끔은 습관적으로 집어 들어 서리를 맞는다.

어느 넘은 줘서 자존심 상하고 어느 넘은 안줘서 열 받고 비슷한 거리에 이 넘은 주고 저 넘은 모른 척해서 분위기 깨고…….

우리나라 골프장 사정에 비춘다면 물 흐르듯 쑥~쑥~ 빠지게 온그린만 되면 인심이라도 얻게 이넘저넘 줘버리고 싶지만 구멍 없는 세상이 뭔 맛이며 조빠지게 살 필요도 없잖은가!

골프는 도라이바의 호쾌함이라고도 하고 전율을 느끼게 하는 아이언의 손맛이라고도 하지만 역쉬~ 숨이 멈출 듯 짜릿~ 한 구멍 맛일 텐데…….

하지만 뒷 팀은 오줌 마렵게 따라 오는데 물고 쪼울 수도 없는 노릇. 에라이~ 모르겠다며 상황따라 줘버린다면 분위기는 개판이 된다.

지난 주 팽팽한 신경전이 펼쳐지는 중반. 한 넘이 매홀 말구에다가 헐떡거리며 졸라~ 터지는 상황에 형편 좋은 넘이 인심 쓴다고 깃대거리에 기브를 줘버린다. 한 클럽내의 원칙이 깨지는 순간이며 고무줄 기브의 탄생(?)을 알리는 서곡이었다. 어쩌면 그로 인해 좋아져야 할 분위기가 냉냉해졌으니…….

받은 넘이야 3빠다도 가능한 거리에 기브를 주니 꿀이지만 모가지가 딸랑거리던 넘은 답답한 거리에 기브는 고사하고 흘러 버리니 당근, 열을 받고 기분이 나쁠 수밖엔!

"야~ 씨벌! 어느 넘은 졸라~긴걸 기브주면서 난 기브거리도 주지 않고 뭔 개거튼 경우가 있냐?"

"야~ 씨바~ 저 넘은 지갑에 먼지가 날 판이잖어!"

"니미~ 그래도 그렇지~!"

어느 홀인가 깃대거리에 기브를 받은 넘이 보답을 한답시고 형편 좋은 넘에게 턱도 없는 거리임에도 기브를 줘버린다. 그러고는 지들끼리 주거니 받거니 홀아웃은 개판이 되버리고 역 앞에 빨간집도 돈을 줘야 주는데 이것들은 닥치는 대로 줘버리면 어쩌란 말인가!

이제는 언냐들 마저 비슷한 거리엔 당연히 기브로 생각하고 깃대를 꽂아 버리고는 휙~ 가버리는데 따지기라도 하면 "2빠따~ 오케이 아닌가여?"하며 되묻는다.

그렇게 되고 말고 할 골프라면 뭐할라꼬 치냐?

김밥 싸들고 등산이나 댕기지!

두고 보자니 답답하고 따지자니 인색하다 할 거고…….

다음 홀! 나는 기브 거리임에도 받지 않고 고의로 흘려버렸다. 잘잘못을 따지면 머리에 쥐가 날 것 같고 분위기만 흐려질테니 한 타를 손해 보더라도 기브의 기준을 잡자는 뜻이었다.

그 뜻을 눈치 챘는지 다시 평온(?)을 되찾긴 했지만 난 소문이 날 정도로 기브에 상당히 냉정하고 인색하다. 주는 것은 그렇지만 받는 것조차도 기준에 맞지 않으면 받지 않는다.

넣기 위해 온 만큼 끝까지 넣고 싶은 것이다.

언냐들은 그런 골퍼를 싫어할지도 모른다. 앞 팀은 따라 가야 하고 뒷 팀은 기다리고 있으니 당연한 일!

때문에 기브를 권하고 어쩌튼 기브를 많이 주는 골퍼를 좋아하며 인색한 골퍼에게는 알게 모르게 대접(?)이 시원찮다는 걸 알고 있다. 그렇다고 대충~ 대충~ 처삼촌 벌초하듯 치고 가길 바란다면?

한 라운드 동안 생각 없이 주고받은 기브는 몇 개나 될까? 또한 기브를 받지 않았다면 성공 확률은 얼마일까?

경험과 주변의 정황을 봤을 때 통상 4타는 더 봐야한다. 4타면 미들 홀에서의 뚜껑 열리는 양파감이 아닌가? 그런 거품이 포함되어 있는 줄도 모르고 흔히들 70대를 치고 80대를 쳤다고 자랑을 한다.

암튼, 기브라는 것이 진행상 어쩔 수 없는 약속이라면 동반자에게 편애 없는 공정한 기준이 있어야 하며 베풀어야 받는다는 개코거튼 논리에 턱없는 거리를 줘가며 자신의 위기에 보상 받으려는 욕심은 버려야 하지 않을까 싶다.

평소, 골프장에서든 생활에서든 입으로 부조를 하고 환심을 사려는 그런 부류의 인간들이 짜증나고 보기 싫다.

우리는 스크라치

주변을 살펴보면 유유상종이라는 말이 실감이 난다. 술꾼은 술꾼대로 노름꾼은 노름꾼대로 공 좋아하는 넘들은 그 넘들끼리 그런데 이모든 잡기를 좋아하는 넘들이 있다.

초저녁엔 때때로 고스톱 판이 벌어지고 그것이 끝나면 포장마차 쇄주 한잔에 즐겁고 그런 넘들이 모여 골프라도 하는 날엔 18홀이 아쉬울 지경이다.

그래서 마눌이 종종 하는 말.

똑같은 것들끼리 모여서 잘~ 논단다. 친구를 덤으로 팔아먹은 내 탓이지만 해만 빠지면 불나방거치 찾아드는 그 넘들!

술도 고스톱도 골프마저도 스크라치이다.

골프꾼들은 술만 마시면 맨날 골프 얘기 뿐! 지난주엔 누굴 죽였고 누굴 잡았다며 자랑이 늘어진다. 그런데 이상한 것이 같이 칠 땐 늘 죽을 쑤든 넘도 자랑을 할 때는 늘 이겼다며 적장의 모가지를 베어온 명장거치 그 숨막히고 긴박한 순간들을 너무도 리얼하게 설명을 한다.

원래, 낚시꾼 말과 골프꾼 말, 사내들 군대 얘기는 믿지 말라고 했다. 낚시 간다고 나가서는 헛지랄만 하고는 고기 사들고 가는 넘이 있고 뭔 대회 뭔 대회하며 숱하게 돌아 댕기고는 참기름 몇 병 사들고 와서는 1등 했다고 마눌 앞에 내놓으며 자랑하는 넘들도 허다하다.
7박 8일 동안 무장공비 잡으러 댕기며 죽을 고생했다는 넘도 알고 보면 주방에서 시래기국 끓이며 3년 보낸 넘이니 말야!

그렇게 거품을 무는 4넘이 모여 쇄주를 하면서 술김에 한판을 치르기로 하고 3일 뒤 날을 잡았는데 애인 만날 약속을 하고나면 야근하라는 지시가 떨어지듯 중대사(?)를 앞두고는 항상 뭔 일이 터져도 터진다.

피치 못할 접대 건이 생겼으니 이 일을 어쩌랴! 할 수 없다! 대신 약하게 먹자고 했건만 술이란 게 어디 그런가?
그런데 그 자슥들 어디서 배웠는지 더럽게 처먹더라구. 폭탄 한 순배를 돌리고 돌아서면 두 순배는 두 잔을 동시에 세 순배는 세 잔을, 네 순배는 네 잔을 동시에 마셔야하니 40분만에 열 잔을 들이키니 이건 술이 아니야!

하늘은 노랗고 속은 불을 삼킨 듯하니 그 심정 술꾼들은 알꺼다. 그렇게 먹은 넘이 몸인들 가누겠나 주체 못하는 몸을 이끌고 허우적허우적 들어와 어떻게 잠이 들었는지도 모른다.

마눌의 발길질에 겨우 눈을 뜨니 06시 10분! 술 냄새를 풍기며 도착하니 반응이 조용하다. 어차피 터질건데 술 처먹은 넘은 긁지 말자는 걸까?

내리 쬐는 불볕더위는 차라리 나았다. 그보다 더한 건 한 발자국 옮길 때마다 참지 못할 두통은 이러다 죽는 건 아닌지 갑자기 엄습해오는 두려움이었다.

"오늘 경비는 내가 쓴다"하는 생각에 마음을 비웠지만 그래도 지기 싫은 게 골퍼의 마음 아닌가!

홀 당 물 한통씩을 비워가며 바둥바둥 달겨들었지만 족탈부족이다.

기억할 수 없는 샷에 어드레스마저 휘청거리고 전반을 47개를 치고 나니 진땀이 난다.

인코스!

30여 분을 족히 기다려야할 카트가 줄줄이 서있다. 그래도 8, 9홀에 파를 잡은 걸 보니 이젠 술이 깬 걸까? 샤워장에서 찬물을 두어 바가지 뒤집어 쓰고 나니 조금은 살 것 같다.

앓느니 차라리 죽는다고 포기를 했지만 개운하니 다시 살아나는 욕심!

캐디언니에게 장담을 했다. 아웃은 비록 술 땜에 죽을 쑤었지만 인 코스엔 이븐을 치겠다고. 캐디언니는 말이 되는 소리를 하라는 듯 아 예 외면해 버린다.

당신 하는 꼴 보니 100개 안 넘기면 다행이라는 표정이다. 더운데 얼메나 고생을 시켰으면…….

그러나 4홀을 연속파 행진을 하니 동반자들이 긴장을 한다. 그와 함 께 날아드는 야지!

"죽은 줄 알고 내비뒀더만 다시 살아났다"며 "저런 넘은 짹~소리 못하게 맹그러야 한다"며 긁기가 시작된다.

흐~응 그래 죽어도 그냥은 못 죽는다. 어차피 경비 내기지만 혼자 는 못 쓴다는 오기가 생긴다. 세 넘 중 가장 약한 넘을 물색하여 집중 공격을 했더만 야지가 먹혀 들어가는가 냉탕, 온탕 쪼루에 오비를 내 며 무너진다.

비겁하지만 많이도 당했으니 방법이 없잖은가!

인코스를 36개로 마무리하니 본전이 들어온다. 어떻게든 살아남고 보니 막판에 물린 넘에게 미안스럽다.

18홀 내내 입에 거미줄을 칠 정도로 말이 없고 점잖은 넘인데 친구 끼리 모든 걸 용납한다지만 내가 너무 심했던 건 아닌지 모르겠다.

3일이 지나니 뻬리리~ 전화가 온다.

"요번 금요일에 날 잡았때이~ 그리 알아라~!"

점잖은 넘이 화를 내면 존나게 겁나고 짖지 않는 개가 무섭다고 했는데 걱정이 되면서도 스크라치 친구들과의 라운드가 기다려진다.

여자는 무서워

　다른 건 몰라도 이넘의 골프는 낯가림을 참~ 많이 한다. 고스톱 판때기는 여기가도 그렇고 저기가도 그렇지만 골프는 장소만 바뀌어도 구경꾼만 몇 명 있어도 상황이 달라진다.

　박세리는 관중이 많아야 흥이 난다더만 난 사람이 무섭다. 특히나 여자 앞에서는 더욱 더~!

　그런 쑥맥 덩어리가 마눌은 우째 꼬셨는지 모르겠다.

　글찮아도 어느 날 마눌이 옛날 생각이 났는지 대뜸 이렇게 묻는다.

　"당신! 우리 강둑 밑에서 첫 키스한거 기억하느냐"는 것이다.

　씨바~! 어제 일도 까묵는 판에 그걸 우째 기억한단 말인가?

　"갑자기 그건 말라꼬 묻는데?"

　"그때 당신 벌~벌~떨은 거 기억나나?"

"내가 벌벌 떨었다꼬?"

크~!

20년도 넘은 세월인데 벌~벌~ 떨었는지 용감무雙했는지 기억은 없지만 사실 여자 골퍼와의 운동은 상대가 잘치고 못 치고를 떠나서 맥을 못 춘다. 지금까지 마눌 외에 같이 운동을 해본 경험은 그리 많질 않다.

칠 기회도 없었지만 남의 눈을 의식 안 할 수도 없다보니 10년을 넘게 댕겨도 겨우 손가락으로 꼽을 정도이며 희한하게도 그때마다 난 개죽을 쒔다.

빵빵 하든 도라이바도 돼지 꼬랑지가 아니면 장외 홈런을 날렸고 그나마 믿었던 아이언마저 뒷땅을 없는 넘 죽 먹듯하였으며 빠따는 남의 점빵 문전만 어지럽힌다고 갈팡질팡이었다.

평소거트면 부실~ 부실~ 욕이라도 하겠더만 숙녀 앞에 그럴 수도 없으니 대가리엔 김만 나고…….

5월 어느 날 작은 대회를 앞두고 새벽탕 쪼인을 갔었는데 두 명의 남자팀에 40대 중반의 아줌마 한 명과 같이 쪼인을 한 것이다.

뭔 아줌마가 새벽부터 서방은 어디다 팽개치고 골프냐는 생각인데 남자 두 명과 함께 캐디는 우리를 부부로 생각을 하는가 보다.

"어이구~ 부부가 이렇게 나오니 보기가 좋네요."

128

캐디마저 "그렇죠~ 잘 어울리십니다~ 사모님!"

캐디의 눈은 천리안이라더만 그것도 아닌가 보다.

부부가 아니라고 손을 저었지만 그 아줌마는 웃기만 한다.

그러고는 "부부 같아요?"라는 여운을 남긴 채 첫 홀이 시작되고 새벽부터 황당하니 귀신한테 홀린 기분이 든다.

부부가 아니라면? 저 사람들이 뭐라고 생각할까? 혹시 주변에서 이 상황을 보고있는 사람은 없을까? 생각이 여기까지 미치니 아나나 다를까 첫 홀부터 오비가 휙~ 나버린다.

어~ 씨바! 새벽부터 뭔 귀신거튼 여자가 나타나서리~!

그 다음부터는 공이 될 리 없지. 아줌마는 아무런 생각도 없는지 또박~ 또박~ 잘도 치더만…….

뒷땅에 대가리에 3빠다는 기본이고 허둥대다 비탈에서 미끄러지질 않나!

모르긴 해도 동반자들은 이상하게 생각했을 것이다.

"씨펄넘! 밤새 뭘 했길래 아랫도리가 저 모양이냐?"며 키득거렸을 것 아냐!

죄 짓고는 못산다지만 지은 죄도 없는데 오랜만에 무딘 칼을 갈려고 나왔다가 이상한 아줌마를 만나 숫돌마저 깨버렸으니 죽을 맛이지!

언젠가는 써클에서 게스트 아줌마를 배당(?)받는다. 안면이 조금은 있는 탓에 괜찮겠지 했는데 또 흔들기 시작하네. 아줌마는 남의 속도 모르고 한수 배우자며 쫄래~쫄래~ 따라 댕긴다.

도라이바는 기준도 없이 꼴리는 대로 날아가고 뭔가 보여주겠다는 욕심에 힘은 힘대로 들어가니 미치지!

생각도 못한 아이언 오비꺼정 내고 자빠졌으니 팔짝~ 뛸 일이다. 목구멍꺼정 넘어 오는 욕을 참을려니 식은땀에 숨만 가빠지고 평소 공 꾀나 친다는 소릴 들었는데 조또~ 아니라는 생각을 했는지 3~4홀을 따라 댕기던 아줌마는 다른 동반자를 따라 댕긴다.

몇 번을 허우적거리고 나니 90개를 치는 건 순간이다.

아이구~ 쪽팔려!

시무룩한 표정에 마눌마저 죽을 썼느냐고 묻는다. 20년을 찌지고 뽁으며 살았는데 그만한 눈치 없을라고!

"낯선 여자가 끼어서 망쳤다"니까 10년 넘게 공을 치러 댕기고 나이가 몇인데 아직도 낯가림을 하느냐고 핀잔을 준다.

가나오나 여자에게 받히니 이게 뭔 꼴인지 모르겠네.

유독, 여자와 관중에 약하고 주눅이 드는 이유를 모르겠다.

클럽 들의 Y담 1

여름 한철 대부분을 비 속에 살다 보니 이젠 비에 익숙해지고 물의 나라에 사는 기분이 든다. 우산 장수는 돈벼락을 맞았을지 모르지만 소금 장수의 타는 속을 누가 알아주겠나!

지긋 지긋한 접대 골프에 이골이 난 사람들은 돈 벌었다고 난리지만 주말 골퍼들이야 모처럼의 기회가 산통나니 온몸이 지글~지글~할 것이다.

뭐든 넘치면 지랄이다. 권력이 넘치면 감방을 가고 돈이 넘치면 강도를 당하며 잘빠진 몸매 자랑하다 된서리 맞는 세상이니 이넘의 비도 적당해야 시도 나오고 노래도 나오는 거지 이틀이 멀다고 찔~찔~거리니 욕밖에 나오질 않는구만요.

연습장을 가도 전투가 없는데 칼을 갈 리 없는 골퍼들은 고스톱, 훌라에 핏발만 세우고 있으니 할 일 없는 클럽들이 이때다 싶어 끼리끼리 Y담을 나누는데 그들의 얘기를 들어 보자.

♣ 대포동 클럽: 야~ 씨바! 난 조또 인기 없는 국산이지만 짐승이든 골프채 든 주인을 잘 만나야지 이거야 원!

♣ 마이웨이 클럽: 또 뭔 일인데 침을 튀기고 그랴?

♣ 대포동 클럽: 아~ 행님 내말 좀 들어 보슈~! 우리 주인은 100개도 못 치는 뒷땅맨인데 얼마 전 우리 형제 중에 4번째 넘이 세컨 샷에 나섰는데 그자슥 뒷땅을 존나게 치더라구여!

♣ 혼또 클럽: 그래서?

♣ 대포동 클럽: 폼도 개떡거튼 넘이 허구헌날 뒷땅을 치는데 잠자리 모가지거튼 샤프트가 견디겠냐구요? 억~! 소리와 함께 모가지가 댕그랑~ 부러진 거야!

♣ 야마도라 클럽: 저런~ 저런~! 그렇게 뒷땅을 쳐대니 지구가 멍들 수밖에. 그래서?

♣ 대포동 클럽: 행님들도 알다시피 우리 모가지야 늘 불안 속에 살고 병원을 들락거리지만 시방 뚜껑이 열리는 것은 러프에 들어 간 우리 얘기의 대가리는 찾아야 할 것 아닌가벼? 근데, 그 썩을 넘이 언냐보고 "국산인데 뭘 찾느냐" 며 걍~ 가자는데 이거 미칠 일이 아닙니까요! 씨벌넘! 오비 난 공은 언냐보고 끝까

132

지 찾아오라며 지랄을 털면서 아무리 국산이지만 대가리를 찾지 말라니?

♣ 타일러도 클럽: 요즘 인간들은 몇 십만 원짜리 개가 죽어도 개값 보다 더 비싼 관에 담고는 무덤꺼정 만들어 준다 는데 시체도 찾지 말라니 러프에 떠도는 영혼은 우짤건지!

♣ 대포동 클럽: 그러게 말여요~! 흐흐~대가리는 찾을 생각도 않 고 뿌러진 샤프트를 등산 짝대기로 사용하고 있으 니 뭔 골프가 되겠어여! 맨날 100돌이지.

♣ 죽시오 클럽: 그나저나 경제가 어려워 우린 죽을 판인데 타일러 도 너거들은 요즘 목에 힘깨나 준다며? 그기에 가 격 팍~ 팍~ 쳐가며 말여!

♣ 타일러도 클럽: 그랴~! 우리야 요즘 경주하고 쉬리 땜에 인기 짱 ~이고 형제도 많아 좋긴한데 소문에 진짜니 가 짜니 이복형제니 떠들어서 머리가 존나게 아퍼 여!

♣ 부리지마 클럽: 어쩌튼 니들은 형제 많아 좋겠더라구! 고만 고만 한 아가들을 하루가 멀다하며 낳고 있으니 말야. 300을 낳더니 곧바로 500을 낳고 03을 낳는가 했 더니 돌아서서 05를 낳고 니들 아버지는 뭘 삶아 묵었는지 정력도 존가벼~! 근데말야 애들 수명 이 존나게 짧은 게 지랄이더만!

♣ 타일러도 클럽: 사실 우리도 헷갈려! 동생들 이름도 못 외웠는데

또 동생들이 생기니~쩝!

근데, 듣고 보니 기분 엿거튼데 부리지마 니들이 우리와 다른 게 뭐여? 문디거튼 자슥! 사돈 남 말하고 자빠졌네. 그래도 우린 써비스 하나는 쥑이는데 너건 뭐야? 잘 나갈 때 잘하고 타이를 때 잘해 얌마~!

♣ 혼또 클럽: 씨바~ 가짜 진짜하니 가슴이 뜨끔한데 난, 사실 가짜야! 그래도 주인은 금이야 옥이야 챙기는데 미치겠더라구!

♣ 마이웨이 클럽: 쿠쿠쿠~ 혼또야! 너 정말로 가짜니?

♣ 혼또 클럽: 가짜를 자꾸 혼또라고 하면 혼또가 되는 거야! 나도 헷갈리지만 만드는 넘도 헷갈린다고 하더라. 원래, 우리 주인은 기가 막힌다는 클럽을 사용했는데 연습은 않고 채 타령만 하다가 고속도로 휴게소에서 나를 만난거야. 화장실꺼정 따라 온 넘한테 거금을 주고 속아서 산거지!

♣ 마이웨이 클럽: ㅎㅎㅎㅎ~

♣ 혼또 클럽: 사실 난 방위병 출신인데 만든 넘이 별을 네 개나 붙여주니 일병이 병장달고 휴가 나온 것 거치 처음엔 어색하고 쪽팔리더라구!

♣ 대포동 클럽: 어이구~ 지랄!

♣ 혼또 클럽: 그것도 휴게소 화장실 들락거리는 넘들한테 하루에도 수 십 번씩 속살을 보여 줬으니 볼짱 다 봤지! 그래도 요즘은 대접받고 살지만 첨엔 장군 흉내 낼려니

죽겠더만요. 이제는 보는 넘 마다 "필승" 해대니 나도 이젠 장군 행세를 하는거여!

♣ 대포동 클럽: 뭐 어때서 5공화국 드라마 보니까 별을 자기 마음 대로 달더만! 나도 어깨에 별이나 존나게 그려 볼 까나!

♣ 마이웨이 클럽: 키키키~ 인간들은 하여튼 웃겨! 국산 채 들고 안 맞으면 채 타령하고 좀 있어 보이는 채들고 안 맞으면 그나마 겸손하게도 실력 탓을 한다니까!

♣ 죽시오 클럽: 야~ 우리 주인넘이 오는데 연습할 모양이네. 글찮 아도 낼 전쟁치러 간댔는데 오늘도 대가리 까지게 생겼어! 얼굴이 이게 뭐냐! 쓰벌넘 닦아 주지도 않 으면서 얼메나 두들기는지!

♣ 대포동 클럽: 씨바~ 우리는 가짜도 없구 써비스도 존나게 잘 해 주는데 형제들은 햇빛도 못보고 창고에 갇혀 있으 니 흐흐흐흐!

허걱~! 우리 쥔네도 나오는걸 보니 연습할려나 보네. 인간들 씹어니까 존나게 재밌고 더 할 얘기 도 많은데 아쉽군!

클럽 들의 Y담 2

잔디밭을 밟아 본지도 한달이 되어간다. 계속되는 비와 한 달째 병 치레를 하고 있는 마눌 덕분이다. 바람난 숫개거치 돌아 댕기다가 목 줄 맨 개꼴이니 갑갑해 미칠 지경인데 100돌이 후배들마저 "스크랏치 됐냐?"고 꼴갑을 떨어 되는 통에 미칠 지경이다.

"짜슥들! 니들은 짖어 봤자 똥개지만 나는 썩어도 준치"라고 큰소 리는 친다만! 에구~ 에구~ 몰겠따~ 돈으로 때우든가 몸으로 때우 든가!

장마철에 놀고 있는 골프클럽들의 Y담이나 계속해서 들어 보자.

♣ 타일러도 클럽: 어이~! 죽시오야! 그저께 비가 존나게 오는 날에
　　　　　　　　 필드가더만 우째 됐냐?

♣ 죽시오 클럽: 야~ 씨바! 말도 마라. 꼴통거튼 4넘이 죽어도 치

겠다는데 차라리 모내기를 하는 게 낫지 그게 뭔 골프냐! 진흙 구덩이에서 퍽~ 퍽~ 씨바~ 그 돈으로 마누라 옷이나 사줬으면 왠 떡이냐며 밤마다 핥고 빨아 줄낀데 말야!

♣ 혼또 클럽: 키키~ 너거 주인은 성질도 조~껏타고 소문났는데 언냐들 몸살깨나 했겠구먼!

♣ 죽시오 클럽: 어이구~ 타고 난 성질 개 주남? 그립 젖었다고 지랄이고 장갑 안 말렸다고 궁시렁거리고 더러워서 캐디도 못 하겠더라구! 빗물에 공이 떠내려 갈 판인데 그립 젖는건 당연하고 장갑을 우째 말려? 짤순이라도 둘러메고 댕겨야 하나?

♣ 막혔니 클럽: 그래서?

♣ 죽시오 클럽: 뭐가 그래서야~! 결국 개털 됐지 뭐! 비 쫄~쫄~ 맞고 개털 된 기분 상상만 해도 깨소금이더라. 근데, 막혔니 너 오랜만이구나! 한때 뜨는가 싶더만 요즘 경기가 막혔냐, 거래가 막혔냐? 그거~ 광고 빨 아냐?

♣ 막혔니 클럽: 나도 몰겠슈~! 대포동하고 국산끼리 존나게 뛰긴 하는데 예전 거치가 않는구만!

♣ 타일러도 클럽: 근데, 인간들은 왜 그리 허풍이 세냐? 얼마 전에 우리 주인은 90개를 넘겼는데 연습장에 가더만 85개 쳤다고 헛 방송을 하더라구.

♣ 마이웨이 클럽: 그러게 골프하고 낚시하는 인간들이 씨불렁거리

는 말은 절반만 믿으랬잖아. 이~따만한 고기를 잡았다고 팔이 째지게 벌리던 넘도 누가 봤냐면 혼자 갔었는데 회 처묵고 뼈따귀는 개줬다고 하잖아!

♣ 타일러도 클럽: 마이웨이 너거도 한때는 허풍도 많이 쳤잖아 뭐! 시장 점유율이 50퍼센트니 뭐니 떠들고 말야.

♣ 마이웨이 클럽: 씨바~! 요즘은 허풍도 없고 잘 하잖아. 요사히 인간들이 하는 짓 보면 우리는 이빨도 안 생겼어! 옛날엔 그래도 말뚝이라도 박아 놓고 허풍떨고 사기라도 쳤는데 요즘은 종이 한 장 달랑 들고 털도 뽑지 않고 처묵을려구 하는 그 넘들보다는 낫잖어!

♣ 미주구리 클럽: 그러게~! 잠도 덜 깨고 굿모닝하는 넘들이나, 쥐약인지 보약인지 구분도 못하고 받아 쳐 묵는 인간들이나 제 정신이겠냐?

♣ 마이웨이 클럽: 글코~ 처묵은 거 토해 낸다고 정신이 맑아지겠냐구. 정치와 사기엔 A/S가 없지만 그래도 우린 A/S하나는 죽이잖아. 밀수든 뭐든 닥치는 대로 해주니 말야.

♣ 미주구리 클럽: 쪼다거튼 자슥! 그렇게 밀수꺼정 수리해 주고 돈 받아 처묵으니 밀수가 판을 치고 정품 사고파는 인간들만 등신이 되는 거야!

♣ 마라묵아 클럽: 마저~ 마저~! 근데, 넌 이름이 미주구리가 뭐

138

여? 키키키~ 차라리 쭈꾸미라구 하지 그랬어?

♣ *미주구리 클럽:* 이름 존 넘치고 출세하는 넘 못 봤지만 조또 모르면서 지랄이네. 미주구리는 가자미의 일종인데 사시사철 횟감에다가 제사상, 잔치상에도 오르지 가격 싸지 무침으로 묵다가 혀를 깨물어도 고긴 줄 알고 씹어 버린다니께~! ㅎㅎㅎ어판장에 올 땐 죽어서 오지만 그 맛은 죽을 맛이라네!

♣ *혼또 클럽:* 꿈보다 해몽이지만 침 넘어 가는구만~!

♣ *마라묵아 클럽:* 난 여자가 주인이야! 우리 주인은 한때 잘나갔는데 몇 년 전 서방이 거들나면서 창고에 갇혀 버렸지! 그 기나긴 세월을 휴대폰 안테나로 허벅지 팍~팍~ 긁어가며 기둘렸는데 다시 햇빛을 보게 된 거야.

♣ *부리지마 클럽:* 다른 넘들은 거덜나고 말아 묵으면 돈 되는 건 전부 팔아 치우는데 넌 용케도 살았구만!

♣ *마라묵아 클럽:* 그러게 말야! 잔디 구경은 못했지만 창고 속에서도 사랑은 듬뿍 받았기에 아직도 포동포동 하잖아!

♣ *야마도라 클럽:* 니미~! 내거튼 넘도 없을 거야. 내 몸값이 좀 비싸냐, 근데 이게 뭐야 미친년 속치마도 아니고 말야. 긁히고 째지고 멍들고 청소라고는 아예 없으니 하루에도 몇 번씩 집어 던지는데 성한 구석이 어딨냐? 당뇨에 디스크에 살아도 산 것이 아

니야!

♣ *미주구리 클럽*: 그러니 머리가 돌 수밖에! 어느 넘이 이름을 지었는지 잘도 지었네.

♣ *혼또 클럽*: 너거도 알다시피 난 별을 네 개나 붙인 가짜잖아! 그래도 개봉 첫 날 첫 홀에서 깃대에 쩍~ 붙여줬더만 그 맛에 이날 이때꺼정 개망나니 짓을 해도 진짜인 줄 알더라고! 인간들은 참 어리석기는 한도 끝도 없고 돈값이나 할려나 싶어서 브랜드에 목숨을 걸고 있으니 말야.

♣ *카스바 클럽*: 인간들은 돈이면 무조건 해결해 주는 줄 안다니까!

♣ *야마도라 클럽*: 한번은 주인이 딱딱이 배판에 깃대를 보고 똑바로 치더라고. 저렇게 가면 버디라도 잡을 것 같은데 하는 짓을 보면 이빨이 갈리고 괘심하니 할 수 없잖아! 날아가는 공한테 삐리리~ 휴대폰을 때린 거야. "히죽거리는 게 보기 싫으니까 빵카로 들어 가버리라"고! 똥줄이 탄 그 자슥~ 하는 소리 "서라~ 서라~!" 씨바~ 서긴 뭐가 서~? 정작 서야하는 밤에는 소식도 없으면서 벌건 대낮에 설리가 없지.

♣ *미주구리 클럽*; 그래~ 그래~ 우리야 뭐 지들이 치는 대로 시키는 대로 날아가고 굴러 갈뿐인데 집어 던지고 찍어 대고 만만한 게 홍어 물건이라더만 씨바~ 기분 엿거트라구!

140

♣ *마이웨이 클럽*: 그러게 똑같은 밥도 개가 묵으면 개밥이지만 임금이 드시면 수라상이라잖아! 비싼 채 들고 댕기면 뭐해 값을 못하는데.

♣ *카스바 클럽*: 인간들의 욕심이야 끝이 없지 않은가! 시키는 대로 따라 주길 바랬는데 그게 아니니 어디에 화풀이를 하겠냐. 그러니 집어던지고 지랄이지! 하지만 뚜껑 열리면 자기들만 손해지 뭐! 에구~ 내일은 날씨가 어떨는지? 이쁜 언냐도 보고 싶고 잔디 냄새도 맡고 싶은데!

하늘을 찌르는 자존심

언제나 그랬듯이 내기 없는 골프는 재미가 없다. 하다못해 업어주기를 하든, 때 밀어 주기를 하든, 어느 넘이 자빠지든 우리끼리의 내기는 계속되어야 한다,

주는 것도 받는 것도 없는 다혈질 4넘이 모였다. 오늘의 주인공은 A라는 넘!

조금 맞을 때는 소리 없이 쩍~벌리는 소웃음이 특징이고 안 맞을 때는 집어 던지는 걸 보통으로 생각하며 골프 끊는다는 말을 밥 먹 듯 하는 넘으로 남의 말은 죽어도 안 듣는 황소고집이다.

06시42분.

골프장은 껌~껌한데도 나가란다. 이런 써벌! 앞이 보여야 나가든지 말든지 하지.

눈마저 어두운 한 넘은 매트에 걸려 넘어지고는 새벽부터 헛밥을 먹었다고 투덜투덜거린다. 첫 홀부터 또 낚시바늘거치 꼬부라지는 도라이바! 왔따리 갔따리를 몇 번하고 나니 트리플이다.

오늘도 죽을 쑤는구나했는데 A의 세컨 샷이 뺑커에 들어간다. 그럼 그렇지 믿을 구석은 그넘뿐이니 쾌재를 불렀는데 뺑커라면 질색을 하는 넘이 그걸 깃대 붙여 파를 해버린다. 그러고는 몇 홀을 파행진을 하는데 특유의 소웃음이 시작되고 죽을 때까지 스크라치라는 그 넘인데 오늘은 하는 짓이 예사롭잖다. 뺑커라면 기겁을 하는 넘인데 오늘따라 턱 낮은 뺑커를 두 번이나 퍼터로 쳐내며 전반에 39개를 치고 나온다.

우리 마눌은 "다른 넘한테 터지고 오는 건 몰라도 이 넘한테 만큼은 터지고 오면 굶어야 한다"고 할 정도로 마눌마저 이 넘을 7월 흑싸리로 보는 판에 터지고 있다니!

전반을 우수한 성적(?)으로 끝낸 그 넘은 입을 다물지 못하는데 11번홀! 그렇게 애끓게 기다리던 깊은 뺑커에 쏙~ 들어간다.

턱 낮은 뺑커에서 걷어 내는 것 외에는 기이하게도 뺑커샷을 못하는데 그럼 그렇지 이 자슥 이제는 무너지는구나 했지!

보통 사람은 한번에 나올 뺑커에서 털썩거리며 트리플을 한다.

13번 홀! 발로 차도 나올 것 같은 뺑커에서 또 들썩거린다. 이제는 그넘 이 뺑커에 들어가면 턱에 걸터앉아 한 번~두 번~ 하며 헤아려주니 열불이 났던지 양파를 선언하고는 뺑커를 가로질러 쩌벅쩌벅 가버린다.

내기판에는 남의 불행이 내 행복이니 뱃가죽이 당기도록 디비지게 웃고 나니 속이 다~시원하다.

그 넘의 뻥커샷에 너무도 어이가 없든지 도우미 언냐마저 중얼거리듯 "저 사장님은 한번에 나오면 섭섭한가 보네"하고는 얼른 입을 가려버린다.

보는 사람마저 답답했으니 그럴 만도 하지.

담배를 끊었다는 넘이 단단히 속이 상했는지 뻑~뻑~빨아 댄다. 내기판에는 늘 그랬듯이 죽일 땐 바~짝 죽여야 하는 법.

하지만 여태껏 언성높이며 원수 된 적은 없으니 끝나면 돌려주고 툭툭 털어버리니 우리만의 약속 그자체가 재밌는 것이다.

16번 홀이 끝나니 "그렇게 허걱 대도 본전"이라며 이제 2홀만 버티면 된다며 또 소웃음을 한다. 그 말이 끝나기도 무섭게 17번 홀에서 또 뻥커에 들어간다.

18번 홀도 귀신에 씌인 듯 또 들어가는 그 넘의 볼. 이번엔 아예 보이지 않을 정도로 박혀 버린다. 말을 안 해서 그렇지 돌아뿔 지경 아니겠는가? 삽으로 퍼낼 수도 없고 곡갱이로 찍어 낼 수도 없으니……

점잖게 따라오던 한 넘이 하는 말!

"야~! 총 맞아 죽은 넘이나 칼 맞아 죽은 넘이나 죽는 건 똑같은데 어차피 오늘은 터졌는데 연습 삼아 폭발샷을 해보라"고 권하지만 너희들한테는 배울게 없다며 똥고집을 부린다.

몇 번을 망설이던 그 넘은 작심을 했는지 개패듯하는데 대갈통을 얼마나 때렸는지 반대편 홀의 티박스까지 날아가 버린다.

아이고~아이고~ 이제는 배가 당겨 웃을 힘도 없네. 그 넘도 허탈한지 피씩~웃어버린다.

샤워장!

비누거품을 뒤집어선 그 넘의 물건(?)을 툭~치며,

"야~ 다음부터는 속 썩히는 샌드웨지 대신 야전삽을 하나 넣어 와라"고 했더니 "이제는 정말 골프를 끊겠다"며 난리를 친다.

씨바~!! 골프 친구하나 잃게 생겼네!

모두가 스크라치인데 배울게 뭐가 있냐는 그 넘의 똥고집! 살다보면 자식한테도 배울게 있는데 골프가 자존심으로 되는 건가.

골프가 자존심의 논리라면 한때 세계를 주름잡던 잭니클라우스가 타이거우즈를 볼 때마다 하루에도 수십 번 자살을 생각했을 것 아냐?

하늘을 찌르는 자존심과 똥고집은 골프에서 만큼은 버려야 하는데 어디, 그것이 쉽든가!

골프장의 말잔치

요즘 날씨는 종잡을 수가 없다. 시간당 몇 밀리미터가 내린다고 난리 치던 날씨가 콧잔등이 벗겨지도록 햇살이 내리 쬐는가 하면, 멀쩡하다는 예보 뒤에 날벼락처럼 장대비가 내린다.

어제도 큰비를 예보하더니 써벌~ 날씨만 좋다.

10여일 만에 필드를 밟아 보는 듯하다. 뭔 힘든 일이 많다고 맨날 끙~끙~거리는 허리 땜에 한참을 쉬었고, 대가리에 쥐가 날 정도로 맞지 않는 도라이바 땜에 열 받아 쉬었고, 이 핑계 저 핑계 둘러대며 필드를 피해왔는데 오늘은 어쩔 수 없는 써클!

조 편성을 보니 이빨깨나 까며 이 방면엔 닳아빠진 주둥아리 두 명에 능글맞고 때론 건망증이 도를 넘쳐 황당하기 이를 때 없는 한 넘까지!

잠깐이나마 어떻게 이 넘들을 피할까 잔머리를 굴리는데 건망증 심한 그 넘이 또 사고를 친다. 티업 시간은 다가오는데 여태 도착을 않은 것이다.

"이 새끼 또 어딜 갔는기야?"

삐리리~ 휴대폰을 때리니 아니나 다를까 엉뚱한 골프장에 죽치고 있는 그 넘!

한두 번도 아니고 황당하다 못해 어처구니가 없는 넘이다. 약속 전날 가방 들고 빨리가자며 쩔래~쩔래~ 나타나질 않나 오후시간인데 오전에 도착해서는 빨리 안 온다고 고함치질 않나.

이 자슥 대가리엔 뭐가 들었는지 뽀게보고 싶은 대책 없는 넘이다.

뒷팀을 보내고 한참을 기다리니 개 발에 땀나듯 뛰어온 그 넘!

머쑥~머쑥 대가리를 껄쩍이더만 다시 하우스로 뛰어가는 것이 아닌가. 잠시 후 나타난 그 넘!

"씨벌~! 담배자판기에 돈 넣고는 거스름돈만 들고 왔지 뭐여! 졸지에 담배 한 갑 걍~ 날릴 뻔 했다"며 뻥긋이 웃는다.

이런 넘이 골프를 어떻게 배웠는지 신기하기만 하다.

옆에서 한 넘이 기가 막히는 듯 "저 새끼는 완존히 건망증 말기"라며 중얼거리니 대뜸 하는 말!

"이 정도는 초기 증세인데 웃기지 마라"며 "진짜 말기 증세는 이런 거"라며 늘어놓는데, 아침에 일어나서 마눌보고

"아줌마! 아침식사 돼요?"하는 넘.

그러고는 밥값 치르고 출근하는 넘.

저녁에 아파트 문 열고는 "빈방 있느냐"고 물어 보는 넘.

이런 넘들은 그래도 치료가 가능한 말기 증세의 유형이란다.

그러면서 재생불능 말기환자가 있는데 어떤 건지 아느냐고 묻는다.

모두들 눈만 껌뻑~껌뻑~하는데 콧구멍을 벌렁~거리며 그 넘이 하는 말!

새벽에 양복 윗도리 집어들고 "어젯밤 즐거웠다"며 마눌에게 [땡큐비]쥐어 주고는 도망가듯 나가는 넘이란다. 자기 마눌도 몰라보는 건망증이라니.

에고~에고~ 그렇잖아도 더워 미치겠는데 배가 땡겨 걷기도 힘드네여! 비지땀을 흘리며 가는데 요상스런 곤충들이 앵~앵~거린다. 페어웨이며 그린이며 귀찮을 정도로 날아 댕기는데 벌도 아닌 것이 잠자리도 아닌 것이 벌 소리를 내며 잠자리 흉내를 낸다.

교미한 상태에서 공위에도 앉고 그린에도 버티고 앉아 있고 대낮부터 뭔 지랄인지 늘 붙어 댕기는데 우리는 이름하여 [하고잽이]라고 부른다.

오늘 선두를 달리는 주둥아리 한 넘. 짜증스럽게 달려드는 그 넘들을 휘이~ 휘이~ 날려 보지만 또 오고~ 또 오고~ 열이 받았는지 클럽으로 립따~ 찍어버린다.

깜짝 놀란 언냐가 "사장님! 벌레 잡지 마세여!"

"우쉬~! 왜?"

옆에 있던 한 넘이 긁기 시작한다.

"야이~ 새꺄! 넌들 졸라 즐기는데 언넘이 궁댕이 걷어차면 좋겠냐?"

"사장님! 그게 아니구여~ 벌 받는다구여!"

옆에 있던 또 한 언냐도 "사장님 그건 골프장 전설인데 죽이지 마세엽!"

그래도 막무가내로 길~길~거리며 이리 뛰고 저리 뛰고 난리법석이다. 그 후 아니나 다를까 흔들기 시작하는데 빵카에 쪼루에 오비에…… 흐흐흐흐~ 어떻게 이럴 수가?

언냐들이 말하는 골프장 미신이라지만 잘 나가던 그 넘은 그 후부터는 뒤죽박죽 개판 오분 전에 쫄딱~망해버렸으니…….

한참을 지나 숏홀. 세 넘이 온그린을 시켰는데 한 넘이 그린미스를 한다. 그걸 보고 한 넘이 "숏홀에서 가장 비참한 넘은 남들은 빠따들고 갈 때 웨지들고 설치는 넘"이라며 야지를 놓는다.

그린미스는 했지만 걍~ 있을 넘이 아니지.

"씨발~ 웃기고 있네! 더 비참한 넘은 온그린 시키고 3빠따 하는 넘"이라며 두고 보자며 응수를 하는데 말이 씨가 되었든가!

미스한 넘은 칩샷으로 버디를 잡고 온 시킨 넘은 3빠따를 해버리니 졸라 열 받은 그 넘 "구멍이라는 것이 꼭 뭐~만해서리~ 조또!

비뇨기과 친구를 불러 홀컵 확대수술을 해야겠다"며 투덜거린다.

그 소리를 들은 버디 한 넘이 복수라도 하듯 내뱉는다. 한 넘이 자빠질 때까지 긁어버리는 것이 특징인 그 넘!

"홀컵이 너무 커! 우리 친구는 산부인과 의사인데 이쁜이 수술을 해야것네."

푸하하하~!

배를 잡고 웃다보니 더위도 뒷전이고 벌써 마지막 홀이다. 오랜만에 나왔지만 그 넘들이 뱉어내는 말들의 잔치. 우리들만의 약속인 듯 끝나면 잊어버리는 넘들.

비록 드라이바는 난초를 그리고 아이언은 대가리를 때려도 뭔 말이라도 받아 주며 함께 할 골프친구가 있다는 것이 다행스러울 따름이다.

한때는 자신의 베스트에 근접하지 못하면 억울해 미칠 때도 있었건만 황당한 골프를 하고도 동반자와의 즐김에 빠지는걸 보면 달라져도 엄청 달라진 듯 하다.

세월처럼 세상처럼 골프도 이렇게 변하는가?

초보라는 이유로

우리나라 골퍼들의 수준은 얼마나 될까? 하수들을 도시락거치 데불고 댕기는 염치없는 고수들은 모두를 90대 정도로 볼 것이고 고수한테 맨날 터지고 댕기는 하수들은 모두가 범거튼 싱글로 보일 것이다. 그런데 자료를 보니 놀랍게도 90개를 못 치는 골퍼가 90퍼센트란다.

"설마?"라는 소리가 절로 나오겠지만 사실이 그렇다니…….

기브가 그렇게 흔하면서도 멀리건을 담배 인심거치 주면서도 첫 홀은 마카~ 보기라는 말도 안 되는 계산에 양파이상 없다는 개코거튼 스코어를 적으면서도 골퍼의 90퍼센트가 보기 플래이어가 안 된다면 길 가든 개도 웃을 일이다.

골프에 관한한 그렇게 열성적이고 골프라면 사족을 못 쓰면서도 그 정도의 스코어를 내는 국민이라면 몇몇 골퍼가 세상에 명함을 내밀었을 지언정 우리는 골프 지진국 또는 후진국임에 틀림없다.

비싼 돈 주고 그렇게 치고 싶은 골퍼 없을 테고 또한, 그렇게 치는 골퍼의 심정은 오죽 답답하겠냐 마는 우리의 여건이 지랄것고 일부 골퍼들의 엿거른 습성이 남아 있는 한 그 스코어와 수치는 줄어들 턱이 없기 때문에 감히 말하는 것이다.

얼마 전 몇 차례 필드 경험이 고작인 친구 하나가 다짜고짜 조거튼 골프! 이거 때려 치워야겠다고 하소연을 하는 것이다.

뭔 일이냐 했더니 어느 날 고수들이 불러주길래 쾌재야 하고 따라 나섰는데 한움큼의 핸디를 주고는 바로 내기를 하자는데 피할 수도 없었단다.

한수 배운다는 생각에 경비 조금 더 쓰는 걸로 생각했는데 온갖 명목을 붙여가며 홀홀 배판이니 이건 장난이 아니더라는 것이다.

그러고는 그늘집 비용에 캐디피꺼정 덤터기를 씌우고 그것도 모자라 고깃집까지 부담을 시키고는 잔돈을 내주더라는데 돈은 돈대로 잃고 몇 달 동안 배운 샷은 망가지고 빈지갑에 뒷땅과 오비만 가득 넣어왔다며 이게 뭔 골프냐는 것이다.

치수가 비슷하다면 합의에 의해 어떤 룰도 정할 수 있겠지만 100개도 못 치는 초보를 데리고 덤터기 씌우는 내기라니 늦게 배운 게 한이고 초보라는 설움에 얼마나 속이 뒤집혔겠는가?

나도 그렇게 배웠고 그렇게 당했으니 너도 그러라는 식이고 하수는 당연히 경비를 써야 된다는 되도 않은 짓이 답습된다면 우리의 골프 문화는 어디로 갈 것이며 어떻게 바뀔지 걱정 스럽다.

몇 개월 배운 초보가 내기에 길들여지고 또한 고수들이 내기를 유도한다면 손바닥이 까지고 땀 흘려 배운 것은 간 곳없고 개 폼에 찌그러진 샷에 꽁수만 늘어나니 세월이 흘러도 스코어가 줄고 폼이 날 리도 없다.

한때 머리를 올리면 으레히 술판을 벌려야 했고 골프를 배우려면 아파트 몇 채를 날려야 된다는 이야기도 있었지만 요즘은 많이 달라진 편이다. 하지만 아직도 초보들이야 고수를 따를 수밖에 없고 불러줄때만을 기다리는 방법뿐이니 어쩌랴!

행여, 꼬리라도 내리면 간택이 안 될까 노심초사 하고 끼리끼리 댕기려니 부킹이 쉽나 똑딱 공에 배울게 있나!

그러니 고수가 불러주면 즐겁게 따라 나서는데 초보를 그 모양으로 만들어 놨으니 될 법한 소린가!

우리나라 골프는 내기로 시작해서 내기 땜에 망한다고 했다. 우리만큼 내기 좋아하는 국민도 없고 어느 놀이치고 내기 없는 게 없을 정도로 우리는 내기천국에 살고 있다.

18홀 내내 민화투만 친다면 뭔 재미겠냐만 때문에 조금의 경비를 걸고 즐기는 것인데 그것이 지나치면 흥미는 반감되고 악순환의 연속 속에 이런 문제가 생기게 마련이다.

타고난 골퍼가 어디 있으며 영원한 하수도 없다. 따라서 초보자가 서럽지 않은 골프 문화가 정착되어야 한다.

고수들은 건전한 내기 문화를 통해 초보들의 설 자리를 마련해 주는 것이 바람직하며 수백만원짜리의 내기판으로 골프를 멍들 게 하는 도박꾼을 몰아내는 것도 고수들의 몫이다.

건망증

언젠가 「건망증과 치매의 차이점」이라는 글을 본적이 있다.

"오랜만"이라고 인사를 건네는 주변 사람과 악수는 했지만 "어디서 봤던 넘인가?"기억이 없다면 그건 건망증이고, 길을 가다가 조카가 "삼촌!"하며 인사를 했는데 "누구냐?"며 되물으면 치매라고 했다.

즉, 주변사람을 깜빡~했다면 건망증이고 가족을 깜빡~했다면 치매라는 뜻이다.

사실, 누구나 경험을 하는 일이지만 이 넘의 골프에서는 유달리 심한 것 같다. 그렇다고 시간에 쫓겨 허둥대는 것도 아닌데 말야!

혼자 골프를 할 때는 미안해서 속옷 챙겨 달라는 말도 못했는데 이젠 마눌마저 골프에 재미를 붙인 마당이니 잘도 챙겨주고 빤질나게 다려도 주건만 그 후가 문제이다.

스스로는 꼼꼼한 척 하지만 워낙 허둥대는 성격을 익히 알고 있는 마눌이니 속옷들을 챙겨서는 거실에 두는 것도 아니고 신고 나갈 신발 바로 앞에 두어도 멍청한 서방은 잊어버리고 나가기 일쑤고 하다 못해 속옷을 차 열쇠와 같이 둬도 열쇠만 들고 가니 이런 닭대가리보다 못한 넘이 세상에 또 있을까!

난, 건망증이 지나쳐 치매의 문 앞에 왔다고 생각하는데 그래도 마눌은 늙어가는(?)서방이 안쓰러웠는지 "당신이 흥분해서 그렇다"며 도수를 낮춰 주지만 늙도 젊도 않은 것이 벌써 이래서야 될 일인가!

마눌은 골프 앞에서 흥분 하지 말고 자기 앞에서나 흥분하라며 핀잔을 주지만 골프에 미친 넘 치고 흥분 않는 넘이 어디 있겠나.

난 골프에 〈ㄱ〉자만 나와도 흥분하고, 골프에 〈G〉자만 봐도 오줌을 쌀 것 같은데 어쩌란 말인가!

며칠 전만 해도 그랬다. 시간이 넘치는 휴일 대낮에 필드를 가면서도 뭔가 빠진 듯 기분이 찝~찝~한데 도대체 뭔지 생각이 나질 않았다.

아침에 그런 걸 느끼고도 밝히지 못하면 하루 죙일 이상하듯이 골프장에 도착했는데도 찜찜한 그 생각뿐이다.

"씨펄~ 될 대로 되라"며 옷을 갈아입는데 이런씨~양말이 없네!

"옳지~!양말땜시 그랬구나"싶어 허겁지겁 하나를 사 신고는 티박스로 가니 언니가 간 떨어지는 소리를 한다.

"사장님! 빠따 우째서여?" 하며 고함을 친다.

"????"

가방에 있겠지 내가 뭐 씹어 묵었을까봐!

그렇게 속으로 중얼거리며 찾아보는데 뿔사~뿔사~아뿔사~! 갑자기 휘리릭~돌아가는 닭대가리!

왠수거튼 빠따가 하도 속을 뒤집길래 구렁이 알거튼 거금을 들여 새걸 장만하고는 죙일 쭈물럭거리다가 사무실에 걍~ 두고 왔나보다. 아이구~ 지랄도 지랄도 이런 정신머리로 골프를 한다고⋯⋯!!

빠따만 쥐면 학질 걸린 넘거치 벌~벌~떠는데 남의 빠따를 빌려 쓴다면 뭔 일이 되겠냐?

시작부터 쓰리빠따~ 포빠따! 신들린 무당 대나무 흔들듯 하니 오늘도 날 샜네!

그 판에 동반자라는 넘이 한다는 소리가 "어~이~ 닭대가리! 지갑은 갖고 왔냐?" 며 열을 채운다. 결국 지갑은 먼지가 나도록 톡~톡~ 털리고 거지가 됐지 뭔가!

콩죽같은 땀을 흘리며 끌려 다녔지만 찬물에 샤워를 하고 나니 그나마 괜찮다. 온탕에 대가리를 내밀고 있는 한 넘! 쳐다보니 시뻘건 돌문어 대가리 같다.

지갑을 통째로 빼앗아 맘대로 써버린 그 넘이 좀 밉긴했지만 다음을 기약해야지 어쩌겠나!

그런데 이건 또 뭐야? 옷가방을 열어보니 갈아입을 속옷이 없잖은가! 조또! 뭐하나 제대로 되는 일이 없구만!

오늘은 돌아 댕겨봐야 개챙피만 당한다싶어 한 잔하자는 유혹을 뿌리치고 일찍 들어 왔는데 모처럼 일찍 들어오는 서방을 보고는 입이 째진 마눌이 왠일이냐며 반기다말고는,

"당신 바지 자크는 왜 열고 댕기노?"

"앵~?"

"아이구~ 우리 서방 다됐데이~ 내사마 챙피해서 못 살겠다~!"

"헉!"

"그래가지고 하루 죙일 돌아댕겼단 말이가?"

소사~소사~ 맙소사~! 이럴 땐 우째야 되여? 이런 경험이 나한테만 있다면 분명 병일텐데…….

공짜라면 썬텐크림도 좋아

골프만큼 준비하고 챙길게 많은 운동도 없을 것 같다. 클럽은 필수라 할지라도 뒤에 따르는 준비물은 피난 보따리에 신혼여행 보따리를 방불케 한다.

신발, 볼, 장갑, 비옷, 우산, 티, 모자, 속옷, 양말에 썬크림, 운동복, 바람막이, 세면도구하며 여자 분들은 화장품까지!

필요하다면 초콜릿, 음료수에 먹거리까지 헤아릴 수 없다. 막상 필요할 때 어느 하나라도 빠지면 찝찝해서 공이 되질 않는다.

건망증이 심한 나는 골프 양말이 수십 켤레에 모자는 30개도 넘으며 속옷은 갈 때마다 사 입은 탓에 마눌로부터 오해를 받기 일쑤인데 그기에 라운드 마다 뭔가는 꼭 잃어버리고 오니 잔소리가 늘어진다.

그래서 "정신을 어디에 팔고 다니느냐?"는 소리에 "그시기는 달려

있는지 확인하자"는 핀잔마저 듣는다. 그러는 마눌도 신발이 여섯 켤레나 되니 피장파장이 아닌가!

언젠가는 라운드를 마치고 속옷을 갈아입으려는데 챙겨 올 숫자는 맞췄는데 마눌의 잠옷을 갖고 왔지 뭔가! 어느 넘이 볼려나 싶어 쪽팔려 죽는 줄 알았네.

그런 정신상태로 공을 치니 맨날 뒤죽박죽이지!

건망증이 넘친 넘들은 그시기 빼놓고 장가간다고 가장 필수인 볼도 티도 없이 쩔래쩔래 나타나는 경우도 있다.

그러고는 첫 홀부터 공을 빌리고 롱티 하나 달라며 손을 내민다. 그런 넘들은 보나마나 지갑도 바짝 말라 몇 만원이 고작이면서 내기도 먼저 제의를 하고 터지면 중간에서 만세를 불러 버린다.

열이라도 받으면 담배 달라, 불 달라, 그런 넘이 골프는 조빤다고 하냐? 정신이 번쩍 들게 귀따귀를 눈알이 빠지도록 때려 주고 싶다.

주변에 한 넘은 경력이 7년인데도 썬크림을 사본 적이 없다. 그 넘이나 나나 낯짝이 꺼무튀튀하니 없어도 그만일텐데 꼴에 남하는 것은 다 할려고 하면서 그거 하나 얼마나 한다고 준비 없이 와서는 맨날 여기 저기 손 벌리며 얻어만 쓰고 있다. 그것도 한움큼을 짜서 세수하듯 쳐 발라대니 밉살스럽잖나!

목욕탕의 치약은 공짜라고 넘치도록 짜고 샤워기는 장마에 도랑물같이 흘러도 잠글 생각을 않는 넘들을 보면 열이 받는데 얻어 처묵는 인간들이 남의 것은 더 아낄 줄 모르니 말야.

그 넘은 동반자에게 미처 얻지 못할 때는 주변에 아무나 붙들고 동냥을 하니 뻔뻔스러움은 말도 못하고 비가와도 버릇처럼 썬크림을 찾는 웃지 못할 지정머리를 한다.

어느 날 보다 못한 주변에서 골탕을 먹일려고 작정을 했다. 아니나 다를까 그 넘은 또 손을 벌렸고 친구 한 넘이 준비해 간 썬텐 크림을 손바닥에다가 쭉~ 짜줬다.

그 넘은 세수하듯이 온 낯짝에 저승사자거치 바르더니 남은 것을 팔이며 손등이며 빈틈없이 쳐 발라댄다.

라운드가 끝나고 다가 올 자신의 운명(?)을 모른 채 그 넘은 변함없이 허연 이빨을 들어내며 웃고 댕긴다.

그 뒤의 일은 상상만 해도 웃을 일이 아닌가!

얻어 쓰고 빌려 쓰는 것도 버릇이다. 누구든 가끔은 잊고 오는 실수도 있지만 한두 번도 아니고 도가 지나치면 결국 민폐이며 그런 넘과 라운드를 하는 동반자는 시작도 전에 짜증이 나고 꼴도 보기 싫어 하루를 망치게 될 것이다.

주변을 둘러보면 비단 골프뿐만 아니라 모든 일에 이런 부류의 지랄거튼 인간들을 흔히 볼 수 있다.

대부분 모른 척 지나 가지만 인심을 잃는 한이 있어도 그런 넘에겐 반성할 수 있도록 따끔한 계기를 줘야한다.

여보, 그건 참가상이야

새벽 5시!

아직 해가 뜰려면 얼마나 있어야 할까? 습관적으로 쳐다보는 하늘은 맑은 듯 하다.

뚜벅~뚜벅~ 무언가에 홀린 듯한 희미함으로 반겨줄 사람은 없어도 나는 그들을 만나러 간다.

벌써 티박스에 올라선 듯 엄습해오는 두려움! 웅성거리는 틈사이로 등록을 한다. 처음 가보는 인터넷 골프 모임이다.

글 잘 쓰는 사람, 배꼽이 빠지도록 웃기는 사람, 주옥같은 글을 올려 감상에 빠지게 하는 사람, 이상한 그림으로 여러 넘을 자빠지게 하는 그들은 누구일까?

무작정 보고 싶었던 사람들인데 그 자리에 들어선 순간 쭈뼛~쭈뼛

~ 하는 건 왜일까? 공이라도 잘 치면 칸이 비좁도록 휘갈겨 쓰겠더만 누가 볼새라 개미 똥같이 조그맣게 이름을 쓰고…….

샷건 방식이라 8홀에 배치가 된다. 빽티에서 7자를 몇 번이나 그렸다는 여전사와 함께 하필이면 제일 어려운 홀에 배치할게 뭐람!

홀 이름마저도 "AVARICE"

롱홀에 만장 같은 헤저드하며 울 할머니 허리처럼 굽은 홀! 감기 걸린 콧구멍거치 너무도 답답하다.

세컨 샷이 왔따리 갔따리~ 겨우 겨우 보기로 막았다. 작은 체격이지만 짱짱한 도라이바, 돋보이는 매너의 여전사!

3온을 미스하길래 보기로 가는구나 했지. 그런데 20미터도 넘는 거리의 어프러치를 쑥~ 넣어 버린다.

허걱~ 듣던대로구먼!

즐겁게 치자며 서로 격려도 했건만 딱~딱~ 붙여버리는 어프러치며 칼거튼 퍼터는 어느 넘이라도 주눅들기 십상이다.

어느 넘은 죽을 힘을 쓰며 퍼터를 쪼아도 안 되는데 쓰부적~ 쓰부적~ 고참·이발사 면도하듯 우째 그리 쉽게도 하는지!

몇 년 전 한창 물이 오를 때 우연히 쪼인한 아줌마 한명! 묻지도 않았는데 경비 내기라도 하자는데 뭐 이런 건방스런(?)아줌씨가 있나 했지!

"그럼 몇 점을 드릴까요?"라는 말도 뱉기 전에 걍~ 치자는데 할말이 없었다. 그런데 이븐을 치고 나오는 게 아닌가!

18홀 내내 사내 3명이 개끌리 듯 하며 쪽팔리고 낯선 사람에게 이븐 패 만들어 준 악몽이 생각난다. 그때만 생각하면 온 몸이 눅눅하도록 식은땀이 흐르는데 그 후로는 공 잘 치는 여자라면 근처에 가질 않았 는데 오늘은 꼼짝없이 잡힌 듯하다.

워낙 조심을 하다보니 그럭저럭 맞춰가는 데 동반자 왈!

"이러다가 오늘 사고치는 거 아뇨?"라는 말을 던진다.

그도 그럴것이 낯선 골프장에서 어떻게든 2오버로 나가니 말야. 스 스로도 놀라고 있지만 그 한마디에 더 욕심이 생긴다.

아니나 다를까? 아일랜드 숏홀! 홀 이름도 더럽게 "SPLASH"란다.

욕심은 금물이라 했거늘 "사고치는 거 야뇨?"라는 그 한마디에 공 은 헤저드를 건너지도 못하는데 희망은 물 건너 가는 더블 보기를 해 버린다.

그 후 만회하려고 애를 쓰면 쓸수록 터부적 터부적~ 이게 실력이려 니 했지! 결국 여전사에게도 지고 상권에도 밀려 버리고 몇 개 쳤느냐 는 주변의 물음에 "그럭저럭"이라는 말 외엔 할말이 없다.

시상식장!

유통기한 지난 음식거치 뒷전을 맴도는데 삐리리~전화가 온다.

"우째 됐노?"

방해가 될까싶어 참고 참으며 이제는 끝났겠지 싶었다는 마눌이다.

결과가 궁금해 수십 번도 더 들었다 놨다했을 수화기!

뻔~한줄 알면서도 가슴조이며 결과를 알고 싶었던 모양이다.

동네 대회에서 참기름이라도 하나 들고 가면 우리 신랑은 공을 잘 쳐서 참기름 살 필요 없다며 자랑하는 마눌 앞에 그건 참가상이라고 말도 못했는데 오늘도 역시나 참기름 한 병을 들고 털썩거리며 돌아 간다.

누구나 들고 가는 참기름이 대단한 상인줄만 아는 마눌!

먼 길을 가도록 허락해 주고 깨워주고 응원해준 마눌에게 참기름이 아닌 멋진 상을 들고 "고맙다"는 우승 소감을 말할 때가 있을런지!

연습은 죽어도 안 하면서 상은 탐이 나니 될법한 짓인가?

그녀의 84타는 꽝이었다

어느 날!

백순이 마눌이 풀이 죽어 푸념을 하는 것이다. 영원한 라이벌로 점 찍어 놓은 친구가 80대를 쳤다는 것이다.

경력 5년에 100개를 깨지 못해 늘~ 한탄을 하며 골프 체질이 아님을 하소연하던 친구였으니 말이다.

"그집 신랑은 있는 건 돈이요, 남는 건 시간인데 당신은 뭐냐"는 것이다.

그러면서 "기왕 배운 거 똑바로 갈켜나 주지"하며 이게 뭐냐며 투덜대는데 그렇다고 뭐 내가 거꾸로 갈켰나?

어쩌튼 쪽팔리고 기가 막히고 환장할 노릇이다.

부모 잘 만난 넘들이야 골프장을 내 집 드나들 듯 하지만 우리야 어디 그런가. 골프장 가는 횟수가 처가에 가는 횟수와 비슷해도 그나마 다행으로 생각해야지.

얼마 후, 그 친구는 기념으로 남편이 클럽을 사주더라며 찾아 와서 또 염장을 질렀으니 마눌 마음도 알만하다. 미울 때 밉더라도 밖에 나가서 기죽는 것을 못 보는 게 남자들의 속 마음인데…… 쩝!

며칠 후!

가는 넘 오는 넘 모여 앉아 술판이 벌어졌다. 괴로워 한잔 즐거워 한잔이 술이니 세상이야 뒤비지든 엎어지든 골프꾼들이 모이면 늘상 무용담같은 골프 애기뿐인데 오늘은 마눌들의 골프애기가 나오는데 마눌 친구의 남편이 하는 말.

"그저께는 울 마눌이 84개를 쳤다"고 자랑을 늘어놓는다.

그날 같이 라운드를 한 동반자를 가리키며, "너 울 마눌 치는 거 봤지! 스크랏치로 붙어 볼래?"하며 묻는다.

입에 머금은 술을 뱉어 버린 그 친구가 기가 막히는 듯 "야~! 내가 아무리 90개도 못 깨는 닭대가리"지만 어떻게 말을 함부로 하느냐고 거품을 물기 시작한다.

친구들이 7~8명이 모인 자리인데 어쩌면 자존심도 상했으리라.

말이 나왔으니 아닌 것은 아니라고 말하겠다는 그 친구!

"야~이 씨벌! 골프를 그렇게 할려면 골프에 골자도 모르는 울 마눌도 싱글 만들 수 있어."

"디봇자욱에 들어가면 끄집어내서 치고."

"산에 올라가면 들고 내려와서 좋은 자리에 놓고 쳐!"

"빵카에 들어가도 밖에 들고 나와 치질 않나."

"첫 홀은 무조건 보기로 적고."

"그것뿐이면 말도 안 해!"

"깃대 길이만큼 갖다 놓고도 오케이 달라는데 우째 안줘?"

그래도 80대를 쳤다고 기분 맞춰 줬는데 많은 사람 앞에서 이렇게 무시를 하고 챙피를 주느냐며 연거퍼 몇 잔을 들이킨다.

머슥하게 납짝코가 되어 버린 그 친구는 쪽팔림에 마시고 나머지 친구들은 할 말이 없어 마시고 모두가 취해버렸다.

100개 친다고 벌금 내는 것도 아니며 80대 친다고 벼슬주고 훈장 받을 일도 아닌데 마눌 자랑에 팔불출이 되어버린 그 친구!

골프는 싱글인지 몰라도 생각은 싱글이 아닌가 보더라. 하늘은 높고 별은 총총한데 돌아오는 길은 왠지 씁쓸했다.

늘 압박 속에 살아가는 세상이고 인생이지만 지금 이순간은 천지가 온통 붉게 물든 가을인데 기죽은 마눌과 함께 스쳐 떨어지는 낙엽소리마저 사랑하며 되돌아 볼 수 있는 잔잔한 그런 골프, 그런 가을을 즐기고 싶다.

골프는 자전거 타기

오랜만의 외출이다. 얼어붙은 1월에 한번 라운드를 하고는 근~ 한
달만에 골프장을 찾는 듯 하다.

바람이 들어 갈 새라 꽁꽁 묶어둔 캐디백하며 아직도 쉰내가 풀풀
나는 옷가지들이 그대로인 가방!

어찌 이렇게도 게을러 터졌는지 목욕하는 것 싫어하고 청소하는 것
싫어하고 연습하는 건 죽기보다 더 싫어 하지만 기제사거치 찾아오는
써클이니 안 갈수도 없다.

잊고 살면 차리리 그리움도 없듯이 채를 놓고 있었더니 설레임도
없다.

한때 그 그리움으로 미친듯이 내달릴 때야 날마다 새롭고 뻘떡~ 뻘
떡~ 신혼인 듯 했었는데…….

입춘이 지난 탓인지 바람부터가 다르다. 벙거지 모자도 없어지고 옷차림도 달라졌지만 아직도 털모자 속에 감춰진 언냐들의 얼굴은 입춘 바람에 익숙하지 않은지 그대로 이다.

겨우내 짓밟힌 잔디는 먼지처럼 날리고 겨울이라지만 물오른 신참들과 한조! 다짜고짜 손부터 내민다. 그것이 뭔지 알기에,

"못 준다!"

"형! 좀 주고 쳐여!"

"겨울도 없이 댕기는 넘들이 뭔 핸디야?"

"그래도 형은 고수잖아!"

"고수? 조까는 소리하고 자빠졌네! 겨울에 고수가 어딨냐?"

"에이~ 형! 넘 빡빡하네."

"짜슥들아~! 난, 겨울 공은 전부 스크라치라고 배웠고 요즘은 연습장 등록만 하면 전부 스크라치라고 하더라."

"????"

세월 가는 줄 모르고 짱짱할 때 정해진 핸디는 전과자의 별거치 죽을 때 꺼정 따라 댕기니 원~!

허기야 이 넘의 골프는 늙어 죽어도 잘 나갈 때 베스트가 지껀 줄 알고 있고 얻어 묵는 버릇에 익숙한 초보는 언제까지고 받을려고만 하니 참~ 웃기지!

암튼, 그날은 주는 것도 없이 받는 것도 없이 그렇게 라스베가스게임으로 시작을 하는데 조심을 한 탓인지 일곱 홀 째 파 행진을 한다.

골프 이거 미친 거 아냐?

잔디가 시퍼렇고 그린이 뽀송뽀송해도 이런 성적은 가뭄에 콩 나듯 이었는데 말야. 후배들은 사기라고 난리인데 정말 미쳤나 보다.

그런데 골프든 뭐든 까불면 안돼요. 노름판에도 마찬가지 돈 좀 땄 다고 침 쩍쩍 묻혀 헤아리고 지랄 털면 곧 돌아서서 바가지 쓰고 거지 가 되져!

돈은 겸손해야 붙고 골프도 그래야 줄어드는데…….

8홀 똥고집을 피우다가 보기! 만만하고 버디가 종종 나오는 9번 숏 홀! 평소 6~7번이면 맞춤인데 후배들 놀린다고 4번 아이언을 쥐고 찔 라닥 거리다가 막창 날뻔해서 따블!

쩝~! 그래도 한 달만에 39개는 꿀이지. 그런데 잘 치고도 터지는 이 런 게임을 어느 넘이 맹글었냐?

걍~ 홀마다 짜릿~짜릿한 홀매치가 제격인데 그럴려니 저 무식한 넘들이 개지랄을 해대니…….

인코스도 그럭저럭 가는가 했는데 평소 가장 싫어하고 미운 홀에서 오비가 나버린다.

지꺼무~! 트리플. 그럼 그렇지 얼마나 갈라꼬! 후배 한 넘의 인상이 달라진다.

"오랜만에 형님하고 한 팀이 되어 묵는구나" 했는데 믿었던 넘이 오비를 내버렸으니, 쩝!

헤저드로 둘러쌓인 숏홀! 뒷 팀에게 신호를 주고는 후배들이 얼음 위를 걷는 걸 보고 괜히 호기심이 발동하여 엉거주춤 내려 가다가 그만 콰당탕~ !!

　이런 니미~ 씨~! 순간 아픈 건 뒷전이고 벌떡 일어났건만 쪽팔려 죽는 줄 알았구만요~!

　오랜만에 나와서 아랫도리가 풀렸는지 그늘집 자장면이 끈기가 없었는지 모르겠다.

　"형! 핸디 줬으면 그런 일도 없었을 낀데?"

　"이런 개새끼들이~!"

　"키키키키~ "

　"얌마~! 아무리 그래도 너들 핸디주고는 못 쳐~!

　"크크크크……."

　밤새 다친 어깨를 만지면서도 마눌한테는 입도 뻥긋 못했지만 오랜만에 즐겁게 친 듯하다.

　개쪽을 당할 줄 알았지만 그럭저럭 맞아 주었으니 그래서 골프는 어느 정도 노력과 구력만 있으면 곧 살아나니 자전거 타기라고 했나 보다.

　세상이 어려우면 나가는 횟수도 줄어지겠지만 최선을 다하며 즐긴다면 다른 보람도 있을 것이다. 세월이 터미널 택시거치 늘~ 기다려 주는 것도 아니니 모처럼 가는 라운드 즐기며 치시길!

황당한 그 사나이

인생의 굴곡보다도 더 변화무쌍한 골프!

2온도 쉽게 되는 미들홀에서 오비도 없이 2온은 고사하고 그린을 구경도 못하고 양파를 해버리고 3온도 어렵고 매번 죽을 쑤던 롱홀에서 얼어붙은 페어웨이 덕분에 어정쩡하게 맞은 세컨샷이 그린을 넘어버린다면 얼마나 황당하겠는가.

어느 날!

매서운 걸 따진다면 가보지 못한 시베리아 벌판같은 날씨에 겹겹이 껴입은 옷에 벙거지 모자를 쓰고 눈사람이 따로 없다. 뭐가 그리 좋아 추위도 모르고 미쳐서 난리인지 모르겠다.

그래도 골프는 계속되어야 하고 내기 또한, 계속되어야 한다.

문제의 롱홀!

딱딱이판에서 덜~덜~ 거리며 버디 퍼터를 쪼우는데 앞에서 툭하더니 그린 위로 띄굴띄굴 굴러오는 뒷팀의 공!

이런 씨펄넘들이 사람 잡을 일이 있나?

긴장하며 기다리던 그린 위 동반자들이 뒷팀을 꼬나보니 한 넘이 어찌할 바를 모르며 손을 들어 사과를 한다.

동반자 한 넘: 거리도 존나게 나네! 씨바! 확~ 발로차서 오비를 내
　　　　　뿔까?

또 한넘: 저 넘들도 내기조 같은데 오비보다는 홀컵에 집어넣어 버
　　　　릴래? 그러면 알바트로스 했다고 캐디한테 인심 쓰고 우
　　　　리 그늘집이라도 내줄지 아나?

그렇게 농담을 하다말고 그 홀은 빠져 나왔는데 뒷팀 캐디가 뛰어 오더니 허리를 굽히며 사과를 한다.

"죄송해여~!!"

"언니가 왜 사과를 하는데?"

"사과를 할려면 친넘이 해야제!"

"거리가 워낙 짧은 분이라서 제가 치라고 했어예!"

"그넘들이 우겨서 쳤다면 존나게 욕이라도 할려고 했두만 그럼 됐네!"

그러고는 그늘집에 도착했는데 한 넘이 조심스레 들어 와서는 공친

넘이라며 사과를 한다.

"아이구! 미안헙니다. 그렇게 올라갈 줄 몰랐네요"하며 연신 허리를 굽힌다.

시커멓게 생긴 네 명이 대꾸도 않고 있으니 나가려다 말고 다시 고개를 숙이며

"아~글씨! 그 홀이 어려워서 여태꺼정 3온을 못시켜 봤능기라예. 설마했는데 공이 미쳤는강 그기 마~ 올라 가뿌네요" 한다.

알았다는데도 그 양반은 또 모자를 벗으며 사과를 한다. 그런데 모자를 벗어든 순간 동반자 네 명과 그늘집 아가씨까지 모두 죽는 줄 알았다!

머리카락이 하나도 없는 완벽한(?) 대머리 아저씨가 아닌가! 흔하디 흔한 대머리가 웃을 일도 아니니 그렇게 끝났으면 그만인데 그 양반이 벗어 올린 모자 속에서 뭔가 툭 떨어지는데 그것은 가발이었으니!

코메디도 그런 코메디가 없고 그 장면에선 돌부처도 웃을 수밖에. 미안한 마음에 손에 너무 힘이 들어갔는지 몰라도 그만 오비(?)를 내버렸으니 얼마나 황당했겠나!

그래도 엉거주춤 돌아가는 그 양반의 표정은 밝아 보였다. 그렇게도 어렵게 느껴지던 롱홀에서 투온의 꿈을 이뤘고 가발이 벗겨져 순간은 당황스럽고 부끄러웠을지 모르지만 징크스를 깨고 기쁨을 얻었다면 분명 자신감을 얻었으니 말야!

그래서 골프는 웃기고 울리며 인간들을 갖고 노는가하면 이렇게 도전하는 의욕과 정복의 쾌감도 주는가 보다.

PART 3

세상이 바뀔 때 마다 늘~ 도마에 오르는 것이 골프다.
철천지 원수가 진 것도 아니고 뭔 넘의 죄가 많아 그러는지 모르겠다.
세상천지에 어느 나라 치고 골프 때문에 나라가 망했다는
소리를 들어 본적도 없는데 만만한 게 홍어 물건(?)이라더니
뻑~ 하면 껌인 듯 씹어대니 말이다.

오빠를 믿지 마라

모텔 앞에서 서성이는 남녀! 남자는 오빠를 믿어 달라고 하지만 여자는 여기를 왜 가냐며 입을 삐죽거린다.

"자기~ 눈 쳐다보며 눈 속에 별을 헤아리고 싶어!"

입에 발린 소리에 조까는 소리도 여러 질이다. 건빵 속에 별사탕은 봐도 눈깔 속에 별은 처음인데 씨바~! 세상이 어떤 세상인데 믿을 걸 믿어 야지!

그 말에 속고 눈이 멀어 지하 단칸방에서 딸 셋을 낳고 살지만 원한에 사무친 나머지 자신의 딸들은 제발 속지 말라고 교육을 했단다.

그것도 부족해서"오빠를 믿지 말라"를 가훈으로 써붙이고 사는 어느 아줌마의 한 맺힌 넋두리를 듣지 않더라도 세상은 믿을 구석이 그리 많지 않다.

모텔 앞에서는 믿을 넘이 하나도 없다는 교훈(?)을 뼈저리게 느끼는 어느 날 생판 낯선 골프장을 갔다. 지역에서 몇 차례 터진 넘들이 불러 낸 것이다.

밤새 술에 찌들리고 잠도 덜 깬 넘을 싣고는 몇 시간을 달려 간 곳은 허허벌판의 골프장이었다.

흔들어 깨우는 바람에 일어나 보니 그들은 익숙하게 주차를 하고 계산을 하며 락카실도 찾아간다.

그넘들은 이곳을 몇 차례 다녀 간 것이 분명하다. 도우미 언니도 안면이 있는 듯 농담을 주고받는데 유독 나에게만은 날씨만큼이나 찬바람이 분다.

지랄~! 못 쳐 먹을 걸 먹었나?

깃대도 보이질 않는 첫 홀인데 언니는 물어도 답이 없다. 그들은 방향을 정확히 알았고 똑같이 파를 해버리는데 그린을 넘긴 공이 오비라 첫 홀부터 양파를 해버린다.

씨뽕! 물어도 답도 없고 위험한 지역이면 말을 해줘야지!

시작과 함께 뚜껑이 열리기 시작한다. 그린은 전부 찌그러진 냄비를 뒤집어 놓은 꼴이다.

올리기도 힘들지만 올려놔도 공은 꼴리는 대로 굴러 간다. 그 넘들은 잘도 집어넣더만 3빠따를 밥먹듯하니 될게 뭔가!

언니는 라인을 물어도 생각과는 반대로 말을 한다. 보기에 따라서 한두 컵의 차이는 있을 수 있고 착시현상인가 했지만 아예, 좌우측 자체를 틀리게 말해 버리는 것이다.

조꺼튼 동반자들이야 맞다고 키득대며 동조를 하든 말든 그 넘들은 이미 적이라는 걸 알기에 믿지 않았지만 도우미마저 그러니 미칠 일이 아닌가!

빠따에 온통 신경을 빼앗긴 탓인지 모든 샷은 난초를 그리는데 그 넘들은 키득거리고 도우미는 비웃기라도 하듯 돌아서서 웃는다.

니미~! 객지에 와서 개쪽을 당하는구만!

만회를 다짐할수록 어깨는 역도 선수가 되는데 어느 홀에서는 도우미로부터 정말 황당한 일마저 당했다.

티샷 한 볼이 어디로 갔는지 모르겠다.

"언니! 내 공 어디로 갔지?"

"모르겠는데엽!"

"이봐~! 공 안 봤어?"

"글쎄요?"

"글쎄요? 언니 경력 얼마나 됐어요?"

"경력은 왜 물으세요?"

"손님이 공을 치면 방향은 봐줘야 할 것 아냐!"

"아저씨는 경력이 얼마나 됐는데 똑바로 못 치세요?"

"????"

"못 볼 수도 있는데 경력은 왜 따지세요?"

더 이상 할말을 잊어 버렸다. 낯선 골프장은 도우미의 조언이 필수인데 거리도 들쑥날쑥 내키는 대로 불러 주고 주문도 않은 클럽을 멋대로 주고는 휙~ 가버리더니 몇 홀이 지나고서 짜고 치는 고스톱이라는 걸 느꼈을 땐 이미 대가리에 김이 날 때까지 나버린다.

씨바~! 내가 돈을 따서 집을 샀냐 땅을 샀냐? 경비를 쓰고는 돌려줬는데 더럽고 치사하게

도우미까지 매수를 하며 이렇게 복수를 하다니.

지갑은 거덜나고 존나게 비싼 산중 대출까지 받아가며 그날의 경비를 혼자 뒤집어 썼지만 기분이 존나게 찝찝하다. 귀신들은 도대체 뭐하고 자빠졌는지 원~!

저것들을 잡아다가 뙤약볕에 잡초나 뽑게 할 것이지.

그래 내가 졌다~!

동반자의 농간에 지고 말도 안 되는 도우미의 행동에 지고 에혀~! 믿을 수 없는 세상이라지만 참 조꺼튼 경험을 했다.

"이럴 수도 있구나"라는 새로운 경험을 하면서 믿을 수 없는 그 넘들과 계속 상종을 해야는지 고민이다.

"오빠를 믿지 말라"는 아줌마의 가훈처럼 어쩌튼 오늘은 그 아줌마가 된 기분이다.

골프장 징크스

사실, 골프장 탓하는 넘은 미친 넘이다. 누군가 입을 쩯다고 해도 그건 바른 소리이다.

주워진 테두리에서 도전하는 것이 골프인데 우째 골프장 탓이란 말인가? 아무리 뛰어도 아마추어는 아마추어일 뿐인데 만만하고 호락호락한 코스가 어디 있으며 어제 다르고 오늘 다른 샷에 골프장 탓은 정말 웃기는 짓이다.

그런 생각에 늘~ 맘을 비우고 살지만 그래도 솔직히 가기 싫은 골프장이 있다.

그린피를 대준다 해도 가기 싫은 골프장! 하지만 한 달에 한 번은 가야하는 써클이 있으니 오늘이 그날이다. 날씨도 쾌청하니 에구~ 핑계거리도 없구.

꿀꽈배기거튼 첫 홀, 시골 논두렁거튼 페어웨이, 미들홀거튼 숏 홀하며 미친년 엉덩이거튼 그린! 가끔은 되고말고 기준도 없이 꼽힌 깃대! 이것이 늘~ 부담이었고 시장바닥도 아니고 끝도 없이 밀리는 진행은 늘~ 짜증이었다.

언제부턴가 이러한 것들이 징크스가 된 듯하다. 남들은 잘도 치던데 생각만 해도 냄새가 나고 듣기만 해도 소름이 끼치니 그런 약점을 아는 동반자 넘들은 이 골프장에서 만은 쾌재를 부른다.

한 달에 한 번은 복수할 기회가 주어지니 18홀 내내 쥐약을 처먹은 똥개거치 짖어댄다. 오늘도 그런 똥개 두 마리가 끼어 첫 홀부터 짖어댄다.

"내리막 310미터면 원온도 되겠지만 꼬부라진 게 지랄이야."

"넌, 첫 홀만 넘기면 펄~펄~ 날잖아."

"그런데 그게 어렵단 말야!"

이런 개새끼들~ 시작도 전에 지랄이구만. 저 새끼들 미워서 징크스를 깨고야 말겠다고 다짐하지만 또 왼쪽으로 휘~익~ !

다행히 나가지는 않았지만 어렵게 깃대에 붙여 놓고는 3빠따!

아~ 또 징크스의 시작인가? 다음은 거리도 존나게 길어 미들 홀거튼 숏홀. 헤저드로 표~옹~ !

뚜껑이 또 열리기 시작한다.

지랄거치 생긴 롱홀. 난, 이름하여 변태 홀이라 일컫는다.

남들은 참 재밌는 홀이라 얘기하는데 그럴 때 마다 그 넘의 대갈통을 때리고픈 충동이 생긴다. 둘러가도 되지만 산을 넘기도록 충동질하는 S코스. 재수 좋으면 이글도 적잖게 나오지만 재수에 옴붙으면 양파도 심심찮게 나오는 정말 기분 엿거튼 홀인데 요번엔 오비!

뚜껑은 붙들어 맬 사이도 없이 날아 가버리고 이럴 땐 울고 싶다는 표현밖엔 할말이 없다.조또~ 비 온다던 날씨가 덥기는 왜 이리 덥냐?

다음 홀은 삐딱~한 포대그린. 때려도 때려도 굴러 내려오는 죽음의 그린이다. 씨벌넘들~!오늘따라 깃대도 코앞에 꽂아 놓고 버디라도 하나 하면 한보따리 챙기는 홀인데 재수 없는 넘은 넘어져도 가시밭이라더만 빵카에 쏙~!

올라갔다 내려갔다 구멍도 구경 못하고 사정을 해버린다. 이쯤에서 씨발~ 조또~는 노래가 된다.

물 한 모금 먹지 못한 새벽탕에 숨길마저 가빠지는데 시간이 몇 시인데 아직도 그늘집은 꽁꽁 닫혀있고 밉다니 업자 한다고 구석구석 미운 것만 보이네!

인코스. 조금은 쉽다지만 내게는 웃기는 소리다. 수양버들거치 휘어서는 깃대도 보이질 않는데 어쩐 일인지 첫 홀에 버디가 나온다.

서방 죽고 7년만에 거시기 구경이라고 했던가. 하지만 기분이 엿이 되어 있는 상태에서 느낌은 밋밋하다.

그럭저럭 몇 홀이 지나 짧지만 내리막에 좌우 오비인 홀이다. 깃대는 오른쪽! 그런데 이게 문제야!

184

아마추어가 페어웨이에만 떨어져도 감지덕지인데 그런데도 오른쪽으로 붙이고픈 욕심이 발동한다.

허걱~? 슬라이스가 나는데 죽었을까 살았을까? 허리춤을 잡고 존나게 뛰어간다. 웃기는 건 뛰어 간다고 집나간 공이 들어 오냐?

그런데도 친 공이 이상할 때는 대부분이 뛴단 말야. 알다가도 모를 심리야~!

다행히 공은 러프 속에 살아 있고 문제는 넘겨야 할 소나무! 남은 거리 70미터 준비하시고 휘리릭~!

어~? 느낌이 이상하다. 소나무를 맞는가 싶더니 공이 사라져 버렸다. 지켜보던 동반자며 도우미며 모두가 두리번~ 두리번~!!

그런데 그 넘의 공이 소나무 가지위에 새알거치 앉아 있는 게 아닌가! 어느 년은 재수 좋아 넘어져도 가지밭에 넘어진다는데 재수가 없어도 더럽게 없고 복이라고는 지지리도 없네.

공은 러프에 박혀있고 코앞엔 20미터가 넘는 나무가 버티고 있는데 뭔 재주로 넘긴다고 지랄을 했는지? 바람아 불어라~ 공아 떨어져라 ~ 노랠 불러도 공은 비웃기라도 하듯 떨어 질 생각을 않는다.

뒷 팀이 일행인데 좀 더 기다려 보자. 나무 가지가 바람에 일렁거려도 꿈쩍도 않는다. 동반자들은 시간이 지났다며 아가리를 벌리고 뒷 팀은 가자고 난리니 시체라도 건져야지 하며 채를 획~ 집어 던졌는데 뭐 이런 개거튼 일이 있나? 던진 채마저 엏혀 버리니 환장할 노릇이다.

동반자들은 퍼질고 앉아 웃고 자빠졌는데 "언냐 채 하나 더 줘 봐바!"

또 휙~ 근데, 그것이 또 엎혀 버린다. 아~ 씨팔~ 돌아 뿌겠네.

억지로 하려 해도 힘든 짓을 그 자리에서 세 번씩이나 했으니 뱃가죽은 땡기고 남은 홀은 세 개뿐인데 회복은 물 건너 가고 에혀~! 새벽부터 뭔 짓을 하는 건지!

말이 쉬워 변명같이 징크스라고 하지만 그것은 노력 없이 욕심과 요행만 바라고 내 탓이라고 말하지 못하는 자존심 때문 일 것이다.

사랑도 어려운데 사랑보다 더 어려운 게 골프며 골프보다 더 어려운 게 마음을 다스리는 것인데 그러하지 못함에 누구를 탓하고 무엇을 탓하겠나!

황당한 쪼인맨

　원래 퍼브릭엔 나홀로 골퍼들이 로비마다 진을 친다. 휴일에는 말할 것도 없지만 평일마저 다를 바 없다. 한 게임을 위해 몇 시간을 기둘리는 대단한 진념의 골퍼들!

　어느 날 한 넘이 갑자기 펑크를 내는 통에 당연히 쪼인이 들어 왔다. 로비에서 시커먼 안경에 뒷짐을 지고 어설렁거리던 50대 중반!
　직원에게 "왜 이렇게 오래 기둘리게 하느냐"며 반말을 찍~찍하던 개기름이 줄~줄~ 흐르고 거만하게 생긴 그 자슥이 쪼인맨이다.
　통상 쪼인을 하면 최소한 서로 목례라도 하는데 그 자슥은 고개 한 번 끄떡이지도 않는다.
　나이도 많아 보이니 우리가 먼저 인사를 할 수밖에!

첫 홀부터 허둥대두만 그 넘의 공은 산으로 가버린다. 언냐는 오비
티로 가서 치라는데 굳이 하나를 더 치겠단다. 마음 약한 언냐는 뒷팀
눈치를 보더만 허락을 하는데 또 오비!

오늘 라운드가 순조롭지만은 않겠다는 생각이다.

저렇게 뻔뻔스런 넘은 오비를 내든가 헤저드에 빠지든가 우리야 답
답할 것도 안타까울 것도 없지만 진행이 문제니…….

그 넘은 도라이바를 두 개나 갖고 댕긴다. 이걸 쳤다 저걸 쳤다 그
럴수록 언냐는 산으로 또랑으로 공 찾기에 바쁘고 이젠 그 넘의 전속
이 되어 버렸으니. 쩝!

공도 어디서 주워 왔는지 꼬질~꼬질~한 것이 딤플도 없다. 그래도
끝까지 찾으러 댕기는데 동반자는 안중에도 없다.

뒷팀은 기다리는데 어느 도라이바가 좋은지 테스트 중이란다. 아이
언도 왔따리~ 갔따리 오비에 뒷땅에 개판 오분 전인데 씨벌~ 테스트
는 뭔 테스트? 연습장부터 가야겠더만!

그늘집에도 들어오지 않는다. 음료수라도 한잔 하자며 말을 해도
손만 내젖고 콩죽거튼 땀을 흘리면서도 그늘집을 마다하니 언넘이 빼
앗아 먹는 것도 아니고 사달라는 것도 아닌데 땡볕에 18홀 내내 물 한
모금 먹지 않는 넘도 첨이네.

내기판에 졸라~ 터져 복수의 칼을 가는지는 몰라도 성질 한번 지랄
이구먼!

여기까지가 끝이었다면 그럴 수도 있다했겠지만 라운드를 마치고 캐디피를 계산할 차례인데

우리끼리는 경비 내기를 했으니 걍~ 주면 되지만 쪼인맨이 있으니 4백에 7만원이니까 1만8천 원을 받아서 한꺼번에 줄 요량으로,

"사장님! 캐디피가 1만8천 원인데 따로 주는 것 보다는 모아서 주는 게 좋겠쪄!"

"어~? 예~!" 하며 한참을 머뭇거리더니 마지못해 겨우 꺼내 놓는다. 그러고는 돌아서며 들릴 듯 말듯 내 뱉는 말!

"언냐한테 바로 주면 500원 남겨 주는데!"

아하! 그렇게 머뭇거린 이유가 개별로 주면 17,500원인데 돌려받지 못할 것 같은 500원이 그렇게 아쉬웠던 모양이다. 언니들의 말로는 그런 사람이 종종 있단다.

우쩨 이런 넘이 어떻게 골프를 치냐? 산으로 또랑으로 언냐를 끌고 댕겨 놓고서는 "나 땜에 고생했지?"라는 말 한마디는 못할망정 어떻게 그 상황에 잔돈에 목숨을 거는지 모르겠다.

저 자슥 뽈룩한 뱃속에는 뭐가 들어 있는지 갈라 보고 싶다.

샤워장!

그 자슥은 샤워기에 물을 틀어 놓고는 양치질을 하고 있다. 씨발~ 양치질하는데 뭔 물이 그렇게 필요한지…….

면도에 샤워가 끝날 때꺼정 그대로 틀어 놨으니 잔돈 500원은 소중하고 물은 물인 줄만 아는 그 넘!

자기 집 수돗물도 그렇게 쓰는지.

뽈룩 튀어 나온 아랫배를 걷어 차 버리고 싶다. 저따위 지정머리를 하니 이렇게 좋은 날씨에 혼자서 쪼인이나 하고 돌아 댕기지!

그래도 양복을 쫙~ 빼 입고는 뒤뚱~뒤뚱~ 나간다. 그러고는 시커 먼 외제차를 끌고 사라지는 그 넘! 그렇게 알뜰살뜰해서 외제차를 끌 고 댕기는지는 몰라도 바퀴 닳을까봐 우째 댕기는지, 원!

외상이라면 소도 잡아 묵는다는 말이 있듯 개뿔도 없으면서 간땡이 만 커도 문제지만 잔돈에 목숨 걸며 자기 것만 아까운 줄 아는 것도 문제이다.

18홀 내내 언냐를 독차지(?)하고도 미안함도 없이 잔돈 500원을 거 슬러 받기를 바라는 쫌상!

남의 것은 함부로 하면서 내 것은 챙기겠다는 염치없는 넘. 이런 넘 이 우째 골프를 시작했으며 골프는 왜 하는지!

배 깔고 엎드려 콩이나 뽑아 놓고 만화책이나 볼 것이지.

190

필리핀에서 1
천국행 버스를 타라

골프를 앞에 두면 설레임은 여전하다. 10년도 넘은 세월임에도 느낌은 마찬가지니…….

그런데 기회가 흔치않은 해외 골프라면 잠인들 쉽게 오겠는가! 말만 들어도 오줌이 마렵고 가슴이 두근거리고 허파에 바람이 든 넘거치 팬히 실~실~거려지니 말이다.

혼자 가는 게 미안해서 마눌 앞에서는 내색도 못하겠고 무언의 허락은 받았지만 워낙 변덕이 죽 끓듯하니 말야.

어느 날 "해외골프? 웃기지마라"며 목에 핏대를 세우는 날에는 개꿈에 말짱 도루묵이 되는 판이니 조심~ 조심!

필리핀! 첨 가는 곳이다. 누구는 월척(?)에 재미도 봤다하고 누구는

191

개피를 봤다하고, 어떤 넘은 골프장이 쥑인다는데 우째 쥑이는건지 몰겠다.

뱅기 좌석은 좁아 빠져 밤샘 고스톱거치 발은 저리고 무릎빡에 피는 마르지만 벌써 맘은 콩밭이니 참을 만은 하다.

100돌이는 터질 걱정도 접어두고 신발마저 벗은 채 코를 골지만 칠흑 거튼 창밖을 보니 이넘의 뱅기가 나를 무사히 내려놓을지 걱정에 눈알은 쑤시듯이 따갑지만 잠이 올 리 없다.

허우적거리며 도착한 공항!

도시는 호롱불을 켠 듯 껌껌하고 밤공기는 후텁지근 답답하다. 그런데 이동할 버스는 30분이 지나도 한 시간이 지나도 오질 않고 흥분도 잠시 보따리 보따리 들고 앉아 한숨만 폭폭쉰다.

정신없는 현지 가이드는 이리 뛰고 저리 뛰어 보지만 약속을 잊은 버스기사는 버스를 세워둔 채 퇴근을 해버렸으니 미칠 노릇에 시쿰한 매연과 함께 콧구멍이 답답하다.

아직도 이런 대책 없는 가이드가 있다니. 꼴~꼴~거리는 배를 안고 겨우 숙소에 도착하니 5시에 기상이란다.

니미~! 꼭두새벽에 목돈주고 극기훈련 온 것도 아닌데.

눈알은 뻘겋고 모두가 부시시~한 얼굴이다. 밥을 먹는 둥 마는 둥 가이드의 독촉에 밀려 버스를 탔건만 이넘의 버스는 어디로 가는지 매연에 찌든 도로를 2시간을 넘게 달린다.

도로의 차선은 지워진지 오래고 아스팔트는 전부 땜빵이다. 도시는 난잡하고 질서라고는 찾아 볼 수가 없다.

6차선 도로 옆에 시커먼 도랑물이 흘러가고 담벼락 밑에 신문지를 덮고 노숙하는 행랑자도 많이 보인다.

관광 천국이라는 마닐라 시내가 이지경이니 우연찮게도 도로가에 유난히 주인 없는 개도 많은걸 보니 개판(?)오분 전이라는 말이 필리핀에서 나온 건 아닌지 모르겠다.

정신없이 덜컹거리며 달린 버스가 도착한 곳은 리베라CC!

외국인들은 거의 받지 않는다는 멤버쉽 골프장이란다. 그래서인지 골프장은 한적하고 캐디들은 친절하다. 짧은 시간에 지옥과 천당을 구경한 듯 이런 곳이 있다니…….

조경은 별로라도 코스는 아름답고 난이도도 제법 있다. 앞팀도 뒷팀도 구경하기 힘드니 독촉도 없고 아~ 이것이 대통령 골프구나는 생각에 모든 걸 잊은 듯하다.

그늘집엔 한국의 라면들이 즐비하고 김밥에 김치꺼정 있는걸 보니 내국인용만은 아닌 듯 하다. 비록 하루만에 보는 김치에 라면이지만 타국에서의 맛은 사뭇 다르다.

날씨가 좋아 땀 한방울 흘리지 않았지만 맥주 한잔에 라면을 곁들인 김치 안주는 무엇과도 견줄 수가 없다.

매홀 따라 댕기는 오토바이 없는 이런 골프장에서 원없이 칠 수 있다면. 에혀~! 마눌 눈치에 꼬깃~꼬깃~ 곗돈 부어 온 주제에 꿈도 야무지지!

복권이라도 떡~허니 당첨되면 모르겠지만…….

캐디 네 명을 포함하여 여덟 명이 18홀 내내 과일이랑 음료수랑 닥치는 대로 실컷 먹은듯한데 겨우 29불이란다.

모가지 때 뺏길려는 우리나라 골프장이라면 30만원도 넘을 텐데.

도대체 음료수 하나 쥘려면 손이 떨리니 골프가 될리 없지!

분명 우리나라 골프장의 주인들도 이런 걸 봤을 텐데 "비싸든 말든 안 먹고 견디나" 보자는 듯 하늘 높다고 올려대니 이런 골프 천국을 우리 땅에서 죽기 전에 한번이라도 구경 할려나?

18홀이 아쉽지만 내일은 어떤 곳일까 벌써 설레인다.

필리핀에서 2
더블보기는 재수, 양파는 실력

도시의 첫 인상과는 달리 어제는 대통령 골프를 즐긴 탓인지 이른 기상이지만 불평도 피곤도 없는 듯 하다. 밤 늦게 까지 한잔을 땡긴 일부를 제외하고는 어제와 또 다른 천국을 꿈꾸는 듯이 모두가 밝은 얼굴이다.

버스는 어제와 비슷한 길을 다시 달린다. 안개인지 매연인지 구분할 수 없는 길을 두 시간여 달려 도착한 골프장은 이글릿지CC!

골프장을 지나친 멍청한 가이드 탓에 30여분이나 더 걸렸다.

대형 철문이 열리고 권총을 든 꺼무틱틱한 경비원이 버스꺼정 올라와서는 샅샅이 뒤진다.

니미 씨~! 우리가 청와대를 방문했나, 안기부를 방문했나? 편의점, 식당까지 권총 든 넘들이 설치니 등골이 오싹하고 오줌이 찔~찔 나

올려구 하네.

72홀 골프장인데 필리핀을 찾는 한국 골퍼들은 대부분 이곳을 거쳐 간단다. 사실인지 몰라도 이곳의 부킹을 꽉~ 쥐고 있는 한국아줌마 덕분(?)이라는데 사실 로비에서 거들먹을 떨고 설치는 그 아줌마를 목격했지만 어쩌든 현지 종사원을 제외하고는 한국인 천지라는 생각이 든다.

휴일이라서 그런지 귀성열차를 기다리는 듯 난장판이다. 질서도 없고 진행도 개판인데 어느 넘 하나 기웃하지도 않는다. 집어넣고는 알아서 나가라는 식인데 뭔 골프장이 이 모양이야!

자기 손님을 먼저 입장시키려는 가이드끼리 전쟁에다가 새치기를 말리려는 한국인끼리의 실랑이꺼정 개판 오분 전이다.

우리나라에서 이 모양이었으면 클럽하우스의 유리창도 몇 장 깨어질 판인데 모두들 용케도 참더라구. 허긴, 말이 통해야 따지며 싸움을 하지!

두 시간여를 기다려 겨우 들어갔는데 그것도 오늘은 빠른 편이란다. 27홀을 계획했지만 이 상태라면 18홀도 제대로 칠려나 싶다. 대당 15불이나 더 주고 끌고 나온 전동 카트는 손님의 덕을 볼려는지 밀어야 가는 고장 투성이 뿐이다.

배당 받은 곳은 말로만 듣던 DYE 코스란다. 어리벙벙한 여행사나 늦게 도착하면 주어지는 코스!

흔히들 DIE로 이해하지만 코스의 이름은 DYE.

196

언넘이 말하기를 안치고 말지 이 코스는 죽어도 가지 말랬는데 아침부터 버스가 길도 못 찾고 헤매더니 코스도 더럽게 걸렸구면!

그래도 "씨바~! 골푸장이 어려우면 얼마나 어렵다고 1달러 내기판에 죽어도 돈이 죽것찌~!"했는데

18홀을 돌고난 기분은 지옥이 따로 없고 DIE로 해석함이 맞을 듯하다. 병풍을 둘러 친 듯한 뻥커가 가운데를 지키고 깃대는 어디에 붙었는지 어딜 보고 쳐야하는지 캐디는 물어도 잡아 놓은 고기거치 눈만 껌뻑~거리고 어제는 단어만 꿰맞춰도 얘기가 통하더만 오늘은 대답도 없다.

앞에 넘들이 친 볼이 굿샷이면 그쪽을 보고 치는 수밖에 없고 재수(?)없게 오너라도 되면 꼴리는 대로 쳐야한다.

근데 굿샷은 모두 방공호거튼 벙커에 모여 그나마 시체라도 찾는데 조금이라도 밀리거나 당기면 시체도 못 찾을 판국이고 호랑이 아가리 거튼 뻥커는 무조건 후진 기어를 넣어야 한다.

잘났다고 고집을 부리다가는 운행 중 양파는 기본!

그나마 겨우 방향 잡아 그린에 떨구면 영락없는 오비에 짧거나 길면 웃기게 생긴 항아리 뻥커가 기다리고 있고 그린에 올렸다고 키득거리다가는 개쪽을 당한다.

참기름 들고 가던 아지매가 엎어졌는지는 몰라도 건드리기만해도 그린 오비가 나버리니 말이다.

그래서 재수 좋게 더블보기만 해도 돈벼락(?)이 날 판이다.

어떤 홀은 페어웨이를 반으로 갈라 티박스부터 그린까지 모두가 뻥커로 이어져 있는데 시벌~ 뻥커라는 게 찰흙 바닥에 모래를 살짝 얹어 놓은 격이니 대가리에 뒷땅만 치다가 그린은 구경도 못하고 양파를 해버린다.

그린 뒷편은 10미터가 넘는 축대를 쌓아 났기 때문에 그린 주변에 공이 떨어지면 어김없이 넘어 가버린다.

웃기는 게 매홀 그린 뒤에는 2~3명의 공 줍는 넘들이 지키고 있다. 우리는 그들을 베트콩이라 칭했는데 가진 공이 동이 날 지점에서 주운 공들을 아예 좌판을 벌리고는 8,000원에 팔고 있었으니 뚜껑이 열리다 못해 황당하여 허허실실 웃음밖엔 나오질 않는다.

양파 이상은 기록도 않았는데 118개!

더블은 재수고 양파는 실력이고 뭔 넘의 골프장이 이 모양인지~!

"쟁기질 못하는 넘이 소 탓한다"지만 장난도 이런 장난이 없다. 이름 있는 넘들이 맹글었다는데 지들은 몇 개나 쳤는지 물어 보고 싶다.

골프장이 무조건 쉽고 스코어가 잘나오게 하는 것이 능사는 아니지만 그래도 아마추어가 즐기는 골프장이라면 짐작과 예측이 가능해야 잖은가?

실수하지 않고 잘 맞은 공이 엉뚱한 결과를 초래한다면 그것도 한두 번이지 어디 즐긴다고 할 수 있겠나?

생각만하면 열이 나고 자다가도 성질이 나니 이건 완전히 죽음이고 지옥이 따로 없더군!

하루 쥉일 헤매고만 댕겼으니 기억나는 것은 백사장거튼 페어웨이와 토굴거튼 뺑커에 미친년 궁댕이거튼 그린뿐이다.

무작정 따라 나선 것도 문제지만 치든 말든 밀어 넣고 보자는 여행사, 가이드들도 고쳐야 할 부분이 많은 걸 느꼈다.

모두가 만족할 수는 없지만 모처럼 마음먹고 나가는 만큼 후회하지 않으려면 꼼꼼히 살피고 짚어보는 준비가 필요할 것 같다.

필리핀의 빈부격차는 어느 나라보다도 심하지만 그들이 느끼는 국민 만족도는 세계 1위라고 한다.

머리 올리던 시절과 같은 118개의 스코어에 대하여 그들의 삶과 같이 만족해야 할지 추억으로 남겨야 할지 모르겠다.

못 말리는 패션

여성 골퍼들은 여자라는 이유만으로 많은 제약을 받는다. 시간 생각하고 주머니 생각하면 필드도 연습도 자유로울 수가 없다. 남자들 거치 빽~하면 둘러메고 나갈 수도 없으니 스코어도 고만고만!

남자들 보다 많이 걸어야 하고 많이 휘둘러야 하니 체력은 한계이고 남자팀에 샌드위치가 되면 치는 둥 마는 둥 바쁜 걸음은 더 바빠지며 성질 더러분 팀이라도 만나면 위협사격을 펑~펑~ 날려대니 오랜만의 기분은 개떡이 되고 스코어는 오리 몇 마리에 갈매기뿐이다.

연습장을 가도 그렇다. 동료가 없으면 가는 걸 망설이고 겨우 몇 개 치는 것이 고작이며 앞자리가 비어도 쭈뼛~쭈뼛~ 구석을 찾고 2층을 기웃거리기 일쑤다.

여기서도 남자들 사이에 끼고 나면 뒤통수가 땡기고 옷매무새라도 잘못됐을까 온통 신경은 그것뿐인데 어쩌다 눈인사라도 나눈 넘은 하나거치 코치가 되려고 하니 식은 땀만 흘리고 개코나 제대로 연습조차 할 수 없다.

대부분의 여성 골퍼들은 그렇게 배우고 그렇지만 즐기고 있다.

하지만 평범하지 못한 몇몇으로 인해 흐려지는 경우가 있다. 수영장을 왔는지 패션쇼에 왔는지 도대체 분간이 되질 않으니 말야.

어느 연습장!

오후시간엔 어디든 북적이기 마련인데 꼭 그 시간에 나타나는 아줌마! 새끼들은 밥을 먹였는지 서방은 퇴근을 했는지 말았는지 모르지만 주부라는 단어가 아까울 정도의 이상한 복장을 하고 댕긴다.

허리살은 넘치는데 나이에 맞지 않은 쫄바지에 스윙 때 마다 동네 것인냥 드러내놓은 허리에 배꼽하며 자식새끼 낳고 서방이 남긴 음식 챙겨 묵다보면 뱃가죽 터지고 허리살 늘어나는 건 당연하기에 그것을 탓하는 건 아니다.

때문에 숨길 필요는 없지만 많은 대중이 오가는 자리라면 안방도 아닌 마당에 감출 줄 아는 예의는 필요하지 않을까?

또 다른 아줌마!

백바지에 속옷자욱이 들어나는 패션이야 굳이 유행이라면 그렇다 하더라도 수없이 허리를 숙여야 하는 연습장에 속이 훤히 들여다보이는 옷은 왜 입고 나오는지 모르겠다.

두 팔을 치켜드는 골프에서 주변의 시선을 의식 않고 입고 나오는 아줌마의 성미를 모르겠다는 것이다.

누구는 바지인지 팬티인지 모를 옷을 입고 나온다. 야외 나들이도 아니고 운동하러 오면서 그 모양이니 연습장의 여러 시선들이 몰리는 것은 당연한 일!

짙은 화장에 그물거튼 스타킹을 신고는 뭘 잡으러 왔는지, 고기를 잡으려면 바다로 가야지 연습장엔 왜 오는지 모르겠다.

어느 넘이 보든 말든 시원하면 내 세상이고 내 기분에 사는데 뭔 개 뻑따구거튼 소리냐면 누구든 할말이 없다.

짐승거튼 남정네들이야 한두 번 곁눈질(?)을 할지 모르지만 칠칠맞지 못한 복장 때문에 냉소를 받을 짓을 왜 하는지!

집에서야 벗든 말든 상관할 바는 아니지만 앞뒤에서 연습하는 남자들마저 민망할 정도라면 분명 지나친 것이다.

여성 골프클럽이 출현한 것은 19세기 후반이라고 한다. 당시만 해도 상류층 부인들만 즐기는 운동이었기에 팔을 어깨 높이 이상으로 치켜드는 동작은 천박한 행동으로 취급되었기에 어푸로치와 퍼터만을 즐겼으며 몸을 드러내지 않기 위해 폭이 넓은 긴치마에 발목마저 묶어가며 정숙함을 유지 했다고 한다.

세상이 달라지고 여성의 영역과 역할이 달라진 마당에 골프에 결코 여자 다르고 남자 다를 수는 없다.

하지만 하지 않아도 될 일이면 하지 않는 것이 옳은 것이 아닌가!

남자들의 꼴불견을 얘기하자면 열 손가락으로도 부족하고 밤을 새워도 부족하며 더 말을 하면 입이 아프다.

　달린 짐승은 어디든 덜렁거리고 다니는 습성이 있으며 넥타이를 매고 나서면 근엄한 척 하지만 예비군복 입히면 개판인 것이 남자들이기에 반성도 해야지만 내버려 두자.

　하지만 여성 골퍼는 단정하고 깨끗한 복장이 멋진 샷과 스코어보다 더 돋보이면 얼마나 좋을까를 생각한다.

　꼴불견 복장으로 80대 치는 여성 골퍼보다 깔끔한 맵시의 100순이가 더 아름답다는 사실을 알아 줬으면……!

　멋도 좋고 개성도 좋고 시대를 앞서가는 패션도 좋겠지만 정숙함이 묻어 있는 멋스런 여성 골퍼가 많았으면 좋겠다.

미워 미워 미워

골프가 이렇게 묘할 수도 있는가? 그렇게 황당무개 할 수가 있단 말인가. 근간 들어 가장 더운 날로 기억될 어느 날 너무 완벽하고도 철저하게 무너진 골프 이야기!

뭐가 뭔지 그 순간만은 도저히 이해가 되지 않는 골프! 아무리 곱씹어 봐도 어떻게 이렇게 칠 수가 있나싶다. 어느 넘이 이런 운동을 만들어 열 받아 뚜껑 열리게 하는지…….

누군가가 쥐 붕알거튼 공에 끌려 다니지 말자고 했지만 한없는 열정으로 다가선 골프가 그 순간만은 그렇게 미울 수가 없었다.

고스톱과 술, 골프마저도 스크래치인 그 넘들! 지옥과 천당을 오고간 지난 주 게임의 옵션 라운드!

터진 넘의 이길 준비와, 이긴 넘의 방어준비는 어느 운동이나 마찬가지겠지.

지난 주에 박살이 난 〈아가리에 거미줄〉이라는 별명의 그 넘! 주변에서 말을 걸지 않으면 먼저 말을 하지 않고 풍신은 작아도 속은 천길 바다 속거튼 자슥!

며칠째 안 보이더만 출장을 갔나 휴가 갔나 했지. 그런데 연습장까지 옮겨가며 비밀과외를 했다는데 얼마나 사무쳤는지 손가락에 반창고를 붙이고 댕길 정도였다.

〈로타리 이순경〉이라는 넘!

밑에 받아 위에 주고는 공짜로 즐기는 교통정리의 대가! 1등은 부담스럽다며 만년 2등을 고집하는 모든 문제의 원흉인 이 자슥.

폭탄주 제조의 달인이며 고스톱 판때기 젤 먼저 펴놓고 젤 먼저 터져 만세 부르는 넘인데 짝딸막한 키에 33인치 빠따거튼 숏다리지만 굼벵이도 구르는 재주는 있다고 골프의 모든 핸디캡을 입으로 해결하는 넘이다.

이론으로 무장된 〈레드베터〉라는 다혈질의 또 한 넘! 모든 게임에 1등 아니면 꼴찌하는 자슥인데 술도 먹으면 디비지게 먹어 면허가 정지되고 먹기 싫으면 갖다 부어도 외면하니 어쩌면 외골수에 가깝다.

그러나 인정 하나는 죽이는 넘!

새벽 공기는 상큼한데 히멀~건 눈들을 하고 졸고 있는 넘들을 힐끔힐끔 쳐다보며 "등신거튼 자슥들! 잠 안자고 뭐했노"싶다.

30분을 달리는 길이지만 복권 사놓은 넘거치 청기와 집을 수도 없

이 지웠다 허물었다하며오늘은 어느 넘을 잡을까 이넘저넘을 견줘
본다.

첫 홀!

잠이 덜 깼는지 모내기하듯 전부 구석으로 쪼르르~ 줄을 세운다.
하지만 세 넘은 파온을 시키는데 터부적~터부적~ 4온에 2빠따! 따블
인데 로타리 이순경은 버디를 하고 나머지는 파를 해버린다.

첫 홀부터 지갑엔 불이 나니 기분이 꿀꿀하다. 애써 태연한 척
"초장 끗빨 개 끗빨! 초식은 불길" 이라 여기며 2홀 말구(末球)에 딱
딱이판인데 티박스 앞 20미터 정도 굴러가는 쪼루를 내버린다. 또 몇
장이 또 휘리릭~ 날아간다. 3홀 또 말구(末球) 어렵게 보기 잡으니 3넘
파! 뚜껑이 열리려나 존나게 덥다!

4홀! 당연히 말구에 배판인데 겨우 보기 잡으니 전부 보기!

머리에는 김이 나고 숨이 가빠지고 눈마저 시뻘거니 충혈되는 느낌
이다. 정신없이 터지고 허부적 대다보니 벌써 9홀!

한 홀이라도 잘 쳐보려고 맘먹지만 또 털썩~! 에라이~ 쪼다거튼
넘! 밥 팔아서 죽이나 사먹어라!

제대로 되는 게 없으니 욕이 절로 나온다. 이러고도 공치러 나왔느
냐고 할까싶어 캐디 보기가 창피스럽다. 아니, 캐디가 더 민망해하는
것 같다.

돌아뿔 지경인데 주둥아리로 묵고 사는 로타리 이순경의 전형적인

긁기가 극에 달한다.

"버디는 아무나 하나! 싱글은 아~무나 하나!"며 노랠 불러 댄다.

그래도 선두를 달리는 아가리에 거미줄은 역쉬 점잖다. 돌아서서 하회탈거치 소리 없이 웃는 레더베터! 땀에 찌든 장갑이라도 확~ 물려 버리고 싶다.

밥 생각도 없다.

9홀 동안 오비 한방 없이 말구만 해보기도 첨이다. 동반자들은 "장갑을 벗어 봐야 안다"며 밥을 먹으라지만 니미~! 입장 바꿔 생각해 봐라 밥인들 죽인들 넘어 가겠는가!

인코스!

쉬고 나니 그래도 조금은 편하다. 어느 순간에 흔들어 줄 넘이 있다는 기대감과 지난번 떡되게 취하고도 뒤집기를 했는데 이제는 되겠지! 막연한 기대감에 첫 홀에 들어가지만 그것도 잠시뿐!

뒷땅은 보통이고 헛스윙마저 나오니 이제 돌아 버릴 경지는 넘어선 듯하다. 오기에 객기마저 생기니 될 리 있나! 황소 모가지를 휘면 휘였지 안 되도 이렇게 안 되냐?

홀홀 죽을 쑤어대니 그렇게 개거품을 물며 긁어대던 그넘들 마저 주둥아릴 닫은 지 오래다. 전의를 상실한 넘을 두들겨 패봐야 뭐가 재미있겠냐는 듯.

207

지갑은 먼지가 나니 항복을 해 버렸다. 남은 홀은 포기를 하고 걍~ 굴리고 다닌다. 어쨌든 빨리 끝나길 기다리고 바랄 뿐이다.

야구는 터지면 중간에 끝나는 콜드게임도 있는데 씨벌~!! 골프는 열만 더 받게 하고 그런 것도 없냐?

동반자들이 간혹 뒷땅을 치고 벙커에서 들썩거리지만 돌아서서 키득~키득 ~웃으며 즐기기엔 이미 늦어 버렸다. 주먹보다 작은 공 하나에 매달려 이런 고생을 하나 싶지만 주체 못할 감정을 덮고 나니 차라리 홀가분하다.

그들이 손가락이 터지도록 연습할 때 채 한번 잡지 않았고 한숨이라도 더 디비잘려고 했으니 뭔 할말이 있겠나!

골프만큼 자기를 학대하는 운동도 없다지만 준비도 없고 정신력마저 져버린 변명 없는 한판이었다.

준비 안 된 넘한테까지 하느님은 공평하지 않다는 교훈을 새삼 느끼면서 경솔하고 자만에 빠진 나를 미워 할 따름이다.

형님, 따블 했지요?

사회에서 알게 되어 친하게 지내는 형님 한 분이 있다. 평소 성실하게 산 탓에 노년은 편안하지만 남들이 다하는 골프를 한번 해보는 게 소원이었다.

연세답지않게 힘은 장사인데 모르긴 해도 신라시대에 태어났다면 장군감이 아니었을까!

그러나 힘이라면 정복하리라 믿었던 그 넘의 골프는 언제나 외면을 하니 자존심이 존나게 상하더란다.

자장면 시켜가며 하루 3천 개의 공을 때려 봤지만 손바닥만 까질 뿐 씨바~! 그넘의 공이 늘어야 말이지.

손가락은 퉁퉁부어 세수하는 것도 힘들었고 숟가락질조차 되지 않아 음식을 칠~칠 흘리니 마눌이 "이 양반이 벌써 중풍이 왔냐?"는 소리까지 한다.

더군다나 레슨 프로는 얼굴 보기도 힘이 드니 그나마 배운 기본기마저도 사라진지 옛날인데…….

오랜만에 나타난 프로는 100개 중에 한 개가 맞아도 뒤에서 박수나 치며 "굿샷"만 외칠 뿐 관심도 없다. 그나마 밥이라도 한 끼 사고 나면 간간이 뒷통수를 보이다가 약발이 떨어지면 핫바지 방귀 새듯 사라져 버리니 느는 건 골프가 아니라 한숨뿐이었다.

꺙~ 휘두르기만 하면 될 줄 알았던 골프가 여태 살아오면서 굳은 일 힘한 일을 다해봤지만 그 무엇보다도 힘든 일이 되어 버린 것이다.

무엇을 하든 져보고 포기해 본적이 없었는데 늘그막에 복병을 만났으니…….

공이야 뜨든 말든 때가 되면 주변에서 놔둘 리가 없잖은가!

흔히들 그만하면 나가도 된다고 꼬드기고 필드를 밟아 봐야 골프가 뭔지를 안다며 그럴듯하게 바람을 집어넣어 어떻게든 끌고 나갈 궁리를 한다.

그 말도 맞는 듯하여 쩔래~쩔래 따라 나선 형님은 얼떨결에 머리를 올리는데 뭐가 뭔지 개코나 알아야 말이지.

골프장이 어떻게 생겼는지 사전에 교육을 받은 것도 없고 뭘 준비하는지도 몰랐는데 몇 홀은 동반자들이 시키는 대로 했지만 이후부터는 자기네들끼리 내기를 한답시고 거들떠 보지도 않더란다.

동반자들은 저만치 가버리고 뭘 어떻게 어딜 보고 쳐야하는지 도우미도 초보인 듯 소새끼 닭쳐다보듯이 눈만 멀뚱거리고 허허벌판에 내

동댕이쳐진 기분은 겪어 본 골퍼만이 알 것이다.

이걸 끝까지 배워야 하나 말아야 하나를 고민할 즈음에 "고수들 하고 치면 더럽고 치사하다"며 우리끼리 치자며 이번엔 백돌이들이 또 바람을 넣더라는 것이다.

한 번의 경험 탓에 골프장은 낯설지 않았지만 이자슥들이 한두 달 먼저 배웠다고 첫 홀부터 세 넘이 돌아가면서 이래라 저래라 하더라는 것이다.

자기 코도 석자이면서 어디서 주워들었는지 글찮아도 머리 속이 하얀데 온갖 용어를 씨블랑거리며 가르친다고 지랄을 해대니 씨바~ 스윙인들 될 턱이 없잖아~!!!

또 한번 골프와 동반자에게 실망을 했단다.

3년의 세월이 흘러 뜨는 공과 굴러가는 공이 반반일 때 90대를 치는 후배로부터 골프 접대를 받을 기회가 있었겠다. 형님은 그때까지도 버디는 구경도 못해 봤지만 보기만 몇 개를 해도 밥을 사는 기분파였다.

어느 홀에선가 형님은 파를 할 기회가 왔지만 워낙 거리가 멀어 보기를 했단다. 그래도 형님에겐 꿀이었고 기분이 째지는 순간 접대를 하는 후배가" 형님! 따블했지요?' 하는 게 아닌가!

이렇고 이래서 보기라고 설명을 해도 그 후배는 따블이라고 우기니 미칠 일이다.

"90대를 겨우 치는 주제에 남의 스콰는 조~빤다고 헤아리냐?"며 한

211

마디 해주고 싶었지만 싸우기 싫어 참았다는 형님!

내기판도 아닌데 보기이면 어떻고 더블보기이면 어때서 접대자리에서 접대하는 넘이 더 우기니 환장을 하지!

그것도 18홀이 끝날 때까지 "형님! 따블 맞지요?"라며 따라 댕기며 물고 늘어졌으니 말야.

글찮아도 주먹만한 넘이 자기보다 거리를 더 낼 때는 말은 못해도 내심 자존심도 상하고 열도 받았는데 매홀 그러고 자빠졌으니 공이 되어야 말이지!

초보자가 가뭄에 콩 나듯 하나 잡은 보기인데 사실, 아니라 할지라도 따라 댕기며 열을 채울 일이 뭔가?

그 이후 처음으로 필자와 라운드를 할 기회가 있었다. 평소 당당함은 어디로 갔는지 형님은 당황했고 티박스에 오르는 것조차 두려워하는 것이었다.

몇 홀이 지나고서야 긴장이 풀리는지 농담도 하며 보기를 하나 잡고는 언니에게 보기팁(?)까지 주기도 했다.

앞선 사람들을 금방이라도 따라 잡을 것 같았지만 이제는 그게 아니라는 걸 알았고 힘은 넘쳐 나지만 힘으로 되는 게 아니라는 것도 알았으며 골프는 누가 뭐라고 해도 스스로 느껴야 하는 것도 알았다는 그 형님!

하지만 초보자를 위한 배려와 아량은 전혀 없었다며 일찍 배우고 앞선 사람에 대해 서운함을 감추지 못했다.

"순간순간 욕심은 났지만 이 나이에 그들을 따라 잡겠냐?"며 어떻게든 이용하려 하고 적으로 생각하는 동반자가 얄밉다 보니 힘이 들어가는 게 사실이라며 실토를 한다.

우리 모두가 초보시절의 서운함을 기억하고 잊지 않았다면 필드에서 만날 초보자와 동반자에게 상처를 주지 말아야 할 것이다.

사모님 골퍼

언젠가 인터넷에서 사모님 골프사건으로 갑론을박이 있었다. 어떤 캐디가 "골프장에 오는 사모님은 볼은 못 치면서 공주병만 잔뜩 걸렸고 골프장에 필드 하키 하러 와서 패션쇼만 하고 간다"고 글을 올린 것이다.

사실이든 아니든 듣는 사모님들은 기분이 좋을 리 없다. 대다수 남자 골퍼들의 선입견인지는 모르지만 한때 짱짱했던 영감팀도 그런 생각을 가졌었나 보다.

어느 주말로 기억한다. 주말은 으레히 코스가 밀리고 특히 오후 시간은 홀홀 기다리기 마련이다.

"오늘도 죽쑤는구먼!"

"등허리에 땀이 식으면 공이 되겠나!"

"이러니 주말엔 공치지 말랬잖아~!"

지랄~! 부킹도 못하면서 꼭 따라 온 넘들이 말은 많다.

앞에는 여자팀이 기다리고 영감팀과 우리팀의 뒤에는 여자팀이 또 줄을 서 있다. 카트 10여대가 줄줄이 기다리는데 부킹시간이 지켜질 리 만무하다.

이런 저런 얘기를 하며 시간을 죽이는데 앞 팀의 영감팀에서 하는 말.

"오늘 이 쪽 코스는 전신만신 여자 팀이고 허~참! 오늘 공도 날샜네!"

"꽁무니 따라 댕길라카면 신경깨나 쓰이겠따!"

"그래도 빈스윙을 보니 좀 치러 댕긴 것 같네 흥~!"

주변 팀들이 듣기 민망할 정도로 오만 소릴 해댄다.

그러나 앞의 여자팀은 내노라하는 지역의 여자 싱글들 이라는 사실을 몰랐으니 그런 소리를 어렴풋이 들은 여자팀의 속 반응은 어땠을까?

"써벌 영감탱이들 꼴갑을 하고 있네!"

아니면 "꼴에 남자라고."

"저것들 우리팀에 집어넣어서 껍데기를 확~ 벗겨버려?"

설마 그렇게까지야 했을까마는 좌우지간 여자팀의 차례! 티샷을 하는데 방향이 하나같이 칼이다. 방향도 방향이지만 영감들을 멍~하게 만든 건 거리였다.

조금 전까지만 해도 그렇게 궁시렁궁시렁 거리던 영감팀! 눈알은

붕어거치 튀어 나오고 분위기는 얼음물을 끼얹은 꼴이다.

그러더니 자신들 순서가 되어도 치려고 하지 않는다. 그렇게 기고만장 내뱉은 말들을 주워 담을 수도 없고 그렇다고 사과 할 수도 없으며 코스를 바꿔 달랠 수도 없으니 18홀 내내 앞 팀을 보며 따라 가는 것은 고역일 것이다.

우리는 홀간 이동을 하면서 뒷팀이 오면 방빼~하며 앉은 의자를 비워주는 미덕을 갖고 있다. 그러나 그 영감팀은 비워놓은 방에도 들어가지 않을뿐더러 멀찌감치 떨어져 헛기침만 쿵쿵거리며 마른 담배만 연신 빨아 댄다.

그러고는 숏홀 110미터. 뒷팀에게 신호를 주는 홀인데 여자팀 3명이 온그린을 한 상태에서 영감팀에게 신호를 줬지만 한사코 신호를 받지 않으려 하는 것이다. 그린 쪽에서는 치라며 신호를 보내고 캐디는 독촉을 하는데 영감팀은 눈도 안 돌리고 부시럭~부시럭~연신 딴 짓만 해댄다.

하지만 그기 어디 맘대로 되는 건가! 기다리는 여자팀은 아예 구경좀 하자는 듯이 그린 뒤에 철퍼덕 앉아버리니 이젠 안 칠 수도 없는 상황!

한 명씩 나와 검열받 듯 샷을 하는데 한 명은 벙커로, 두 명은 쪼루 마지막 한 명은 오비꺼정 내 버린다.

한 명도 그린에 올리지 못하니 체면이 말이 아니네. 시작 전엔 5천원짜리 내기를 하자며 낄낄거리며 들뜬 표정은 간데없고 라운드 내내 자기들끼리도 말을 않는다.

그늘집 네 곳을 거치면서 여자팀이 들어가지 않은 한 곳을 제외하고는 그늘집 마저도 들어 가지 못한 영감팀!
빵빵하게 날리던 전성기를 생각하며 애꿎은 담배만 작살내고 있다.

마음이야 청춘이라도 인정할 것은 인정해야지 여자라고 그렇게 만만하게 깔보면 다칠 수밖에 없잖은가!
골프장에서 여자 골퍼라고 우습게 봤다가 먼지나게 털리고 개망신
· 당한 넘들 많이 봤으니 말야.

돌아서면 새마음

오랜만에 멀리 가 보는 골프장이다. 전부 연장자들이라 실수를 안하려고 알람을 맞춰 놓고 12시가 넘어 잠이 들었다.

잠을 자는 둥 마는 둥 울려대는 벨소리! 허걱~! 알람소리가 얼마나컸든지 마눌에 애새끼들마저 깨 버렸다.

우리 새끼들은 새벽잠이 많아 시계를 하나씩 머리맡에 두고 자는데전부 자기 시계인줄 알고 꼭두새벽에 일어나 버렸으니 미칠 일이다.

에구~! 이 일을 우짜겠노! 항상 죄 지은 넘 마냥 속옷만 챙겨 도망치듯 나가고 어쩌다 몸부림을 친 마눌이 장롱 서랍이라도 막고 잘 때는 속옷도 못 챙겨 가는데 이렇게 애들마저 깨워 놨으니, 눈을 비비는새끼들에게 "너거 시계 아니다"며 다시 재우고 허겁지겁 나오니 새벽잠이 없는 영감들이 먼저 기다린다.

주눅 든 똥개 마냥 대가릴 숙이며

"죄송험니다. 죄송험니다."

미안해서 인사 치례로 "저 차로 가지요?"하니 "그럴까?"하는데 먼 길을 운전하고픈 넘이 어디 있냐?

"타이어가 시원찮아서 어제 바꿀려다가 못했는데?"하니 오래는 살 고픈지 그러면 자기들 차로 가겠단다.

"제가 운전 할까여?"

아스팔트도 두들기며 가는 분들이기에 운전대를 줄 리 없다는 걸 알기에 걍~ 해보는 소리다.

그렇게 도착한 골프장! 살벌하고 **빡빡**한 내기 조이니 매 홀이 얼음 판이다. 몇 홀을 못 넘기고 서너 홀을 터지고 나니 딱딱이를 치고 싶 어 미칠 지경이다.

"그래! 좋을 대로 우리 집만 비 오나 뭐!" 좋아라며 난리다.

열 받은 넘이 배판을 부르는데 싫어 할 넘이 어딨냐? 열 받아 치는 딱딱이가 잘 되는 것 못 봤다는 통계청 자료도 있는데 전반을 돌고 보 니 살찐 돼지거튼 지갑이 가죽만 남은 미라거치 앙상하다.

새벽부터 벌어도 시원찮은데 이게 뭔 짓인가. 그래 이제는 용서 없 다며 이빨을 깨물지만 내일 보자는 넘 안 무섭고 일어나면 죽인다는 넘들 겁 안 난다는 말을 확인이라도 하듯이 큰소리를 쳤지만 거지가 되기 일보 직전이다.

에구~! 이번 홀마저 터진다면 만세를 불러야하는데 투온은 했건만 버디를 노릴 상황은 아니니 맘을 비웠는데 쥐발에 소 잡듯 롱 **빠따** 하나가 쑥~ 빨려 들어간다.

그렇게 발버둥을 쳐도 거부하던 구멍이 받아 준 것이다.

그런데 희한한 건 버디 뒤에는 꼭 흔들어 주는 넘이 하나씩 끼어 있으니 말야!

오비를 낸 두 넘을 재물 삼아 본전의 절반 이상이 들어온다. 동반자들은 죽어 가던 넘이 얼굴색 달라졌다고 난리다.

아~씨바! 터지고 기분 좋은 넘 없고 대박이 터졌는데 웃지 않을 넘이 어뎠냐?

근데, 왜 이렇게 표정관리가 안 되는 거야!

벌어 놓은 것이 **빠져** 나가면 섭섭하지만 거지가 되었다가도 반 본전이라도 들어오면 왜 이렇게 즐거운지!

그럭저럭 몇 만원을 못 찾은 본전이지만 지옥과 천당을 오고 간 새벽의 흥분이 하루 종일 간다. 순간순간 골프를 끊고 싶은 생각이 굴뚝 같았지만 그 짜릿한 맛에 또 잡아지니 내일은 또 어떤 맛일까?

열 받고 터지면서도 돌아서면 새 마음에 또 기다려지니!

마누라 길들이기

어떻게든 세상은 엄청 달라졌지만 아직도 "뭘~ 여자가 골프냐?"는 생각이 있는가 보다.

남자들이야 업을 핑계로 때론, 주변 분위기라는 핑계로 일찍이도 시작을 하지만 여자들이야 어디 그런가?

시집 눈치에 이웃 눈치 봐야지 거기다 지갑 두께도 봐야 하며 그렇다고 새끼들은 낳아만 두면 그냥 크는 것도 아닌데 이 형편 저 눈치 생각하다 보면 입문이 그리 쉬운 게 아닌데…….

언젠가 앞에서 엄청 헤매는 부부팀을 만났다. 50대 중 후반쯤의 부부인데 남자 두 명과 쪼인을 했나 보다. 아줌마는 연신 뒷땅을 치며 공 하나 맞추질 못하고 허우적거리니 진행이 될 리가 없다.

동반자들은 말을 않고 기다리지만 언냐는 한숨만 푹~푹~ 쉬고 그 남자는 홀이 밀린다는 사실을 뻔히 알면서도 안중에 없다.

그러고는 훈련소 교관거치 따라 댕기며 홀홀 고함을 치는데 마눌은 연신 머릴 숙이며 훈련병거치 "네~! 네~!"를 복창한다.

방카에 들어 간 볼을 다섯 번이나 쳤는가 싶은데 뒷짐을 지고는 "다시~ 다시~!"를 외치며 또 치란다.

뭔 골프를 저렇게 가리키나 생각 했지만 남에 일이니!

보다 못한 언냐가 진행이 늦다며 독촉을 해도 아래위 꼬나보더니 그 말을 무시하듯 "계속 쳐~!"를 외친다.

몇 번인가를 더 치고 방카를 기다시피 나온 아줌마는 피로한 기색이 영력하고 땀과 모래가 뒤섞여 말이 아니다.

골프장에는 잔디만 있는 줄 알았지 모래 구덩이가 있는지도 몰랐는데 그렇게 헤매며 걸음걸음 구박을 당했으니 땀이 아닌 설움의 눈물이었는지도 모른다.

발걸음을 옮기는 것조차 힘들어하는 마눌 뒤를 따라가며 사내가 하는 말 "포기하면 그냥 안 둔다. 실컷 쳐봐!" 하는 것이 아닌가!

분명 무슨 사연이 있겠다는 생각에 언냐에게 물어 보았더니 "골프를 한다는 게 미워서 1년만에 머리 올려주면서 마눌 길들인다"며 저렇게 되도 않은 생색에 구박을 한다는 것이다.

골프하다 죽은 사람은 있어도 골프 못해 죽은 사람은 없지만 그래도 여기 저기 골프 얘기뿐이니 더 나이가 들기 전에 한 번 배워 보고픈 생각이었단다. 무뚝뚝 서방에게 바로 얘기했다가는 본전도 못 찾을 것 같아 옆집 아줌마의 옆구리 쿡~쿡~ 찔러 겨우 겨우 시작했는데 어느 날 연습장에 데려 주고는 거들떠보지도 않고 잘 치는지 못 치는지 관심도 없는 서방이 야속했지만 그런 것 따질 때가 아니라 늦은 만큼 두들겨 보지만 운동이라고는 해본 것이 없으니 제대로 되어야 말이지.

세월만큼 허리마저 굵어지니 마음만 앞서고 진도는 없지만 연습장에 나가 바람 쐬며 똑딱이는 것이 너무 즐거웠단다. 한참이나 늦게 입문한 누구는 머릴 올렸다는데 불호령이 무서워 말 한마디 못하고 언제나 올려 줄까 기약 없이 기다린 것이 오늘 이란다.

서방이 골프에 미쳐 낮밤 없이 설쳐 될 때 곁눈질이라도 해 둘걸! 사흘이 멀다하고 벗어 던지는 시큼한 골프 빨래를 하며 어디에 쓰는 물건인지도 모르는 뾰족한 나무에 손도 찔리고 스티커가 붙은 동전은 왜 갖고 댕기는지 관심조차 없었는데 어차피 이렇게 욕 묵고 시작할 줄 알았으면 일찍이나 할 것을 나이 들어 서방한테 마저 설움 받고 이게 뭔 짓인지 모르겠단다.

서방은 살펴 주지는 못할망정 필드에서 조차 주눅들게 하고 생색뿐이니 애구~! 더럽고 치사하고 "남자는 다~ 그런가?"하며 다시 태어나면 불알 달고 나오겠다고 하소연을 하더라는 것이다.

요즘이야 몇 백만 원짜리 유아 골프 교실도 생기더만 몇 년전만 해도 부부가 함께 한다는 걸 상상이나 했겠나!

어느 가정이든 알콩달콩 하고서야 시작하지만 꽃다운 나이에 그 집에 귀신이 되겠다며 들어 온 마눌한테 뭔 길을 들인단 말인가?

유독, 필드에만 가면 마눌에게 생색을 내고 주눅들게 하는 골퍼들이 많다는데 나는 마눌에게 어떻게 했는지 기억조차 없지만 모르긴 해도 욕 많이 했을 거야!

옆집 처녀 기다리다가

7~8월 내내 비만 몰고 왔던 지긋 지긋한 여름은 예고도 없이 가버리고 벌써 9월이다.

기나긴 터널을 빠져 나오는가 했는데 9월마저도 비로 시작되니 답답할 노릇이다.

어느 정권 때는 0.3m/m 비 땜에 가뭄에 시달리고 또 어느 정권 때는 대중없이 내려서는 물바다가 되더니 이번엔 설마 했는데 설마가 사람 잡는다고 노다지 비뿐이다.

8월의 카렌다를 바꿔야 함에도 얼른 손이 가질 않는 건 여름다운 여름의 아쉬움이 많았기 때문 일거다. 내키지 않은 8월을 뜯어 내니 빨간 숫자가 일곱 개나 된다. 노는 즐거움 보다는 한숨이 먼저 나오는걸 보니 모르긴 해도 이제 마음도 몸도 늙어 가는가 보다.

세상은 어렵다고 난리인데 맨날 노는 연구나 하고 매일거치 벌어지는 데모에 밥그릇 챙기기에 급급하니, 쩝!

7~8월 날씨거치 변덕스런 일들이 워낙 많으니 너도 나도 떠나려는 이민 상품이 불티가 날수밖에…….

클럽을 잡아 본지가 언제인가! 여름 내내 써클이라도 갈라치면 비 땜에 휴장이고 칼이라도 갈아 놓고 기둘리면 장대비가 쏟아지고.

비 찔~찔 맞고 헛돈 쓰느니 차라리 잘됐다고 자위도 하지만 돌아서면 어디 기분이야 그런가!

와중에도 여름비는 괜찮다며 꾸역~꾸역~ 나가는 넘들을 보면 대단하다는 생각이 든다. 보리 심어 놓고 못 기다리는 성질이지만 죽탕거튼 골프장에서는 영~ 내키질 않는데 어쩔 수 없는 써클이니 보따리를 챙겨야 했다.

옆집 처녀 기다리다 장가 못 간다고 맑은 날씨에 깨끗한 코스 기다리다가 100돌이는 될 수 없잖은가!

오랜만에 가는 골프장이다. 그늘집 이쁜 아가씨는 그대로 있는지, 눈이 똘망똘망한 그 캐디는 시집을 갔는지!

공이나 제대로 맞출지의 걱정보다는 기억과 추억이 앞서는 건 그만큼 굶었다는 얘기일테고 비라도 오지 않았으면 하는 바람에 밤새 몇 번인가 베란다로 나가 보는 설레임은 마눌 이상으로 골프를 사랑하기 때문일 것이다.

죽느니 사느니 해도 골프장은 만원이다. 밖을 나가면 전부 죽는다고 난리인데 골프장엔 돈이 그렇게 흔할 수가 없다.

클럽을 바꿨니, 차를 바꿨니, 휴가를 해외로 갔다 왔느니.

병원가면 세상에 아픈 사람이 이렇게 많은가 싶지만 뒷산만 가도 모두 건강하다고 야호를 외쳐 대듯이 알다가도 모를 세상이다.

며칠째 장비가 들어 가지 못한 탓인지 페어웨이는 러프보다도 길고 러프는 인적 드문 숲을 연상한다. 멀쩡하게 가운데 떨어진 공은 찾을 수도 없고 차라리 되고말고 때린 대가리 공이 굿샷이다.

한두 홀 마른 땅을 찾아 댕기던 넘도 헛다리 집고 나면 아랫도리는 집나간 개꼴이고 뒤집어 쓴 흙탕물에 뭔 지랄인지 우습기도 하지만 모처럼 나들이에 기분은 좋다.

9월의 빨간 날을 챙기다 보면 절반은 그냥 갈테고 바람막이 꺼내 입을 날도 얼마 남지 않았다.

그러다 잠깐인 듯 단풍 맛에 넋을 잃다보면 동토의 계절인데 웃자란 쭉정이 벼를 쳐다 보며 시름에 잠긴 촌노의 긴~ 한숨에서 올 가을도 순탄치는 않을 듯 하지만 여름 내내 못다한 라운드 이 가을에 풍성하게 즐기고 비 내린 숫자만큼 늘어난 핸디도 줄이는 가을이었으면 좋겠다.

고양이는 쥐만 잡으면 된다

이제는 푸른기마저 사라져 버린 골프장. 그래도 아쉬움에 늦가을을 즐기려는 골퍼들로 연일 만원사례다. 전화기에 목숨을 걸고 손가락이 닳도록 돌리는 넘이 있는가 하면 다 못 쳐도 좋으니 넣어만 달라는 그런 골퍼는 차라리 이쁘다.

아예 사생결단을 하고 몇 시간을 죽치는 농성꾼(?)마저 생겼다. 난리통에 새벽 시간이라도 얻은 것은 빽 없는 나로서는 횡제이다.

그런데 새벽 시간이면 항상 문제를 일으키는 넘이 있다. 이넘이 끼는 자리는 늘상 쫓기듯 정신이 하나도 없다. 33인치 퍼터같은 숏다리 그 자슥~! 출발 시간이 10분이나 지났지만 나타날 생각을 않는다.

언제나 그랬듯이 삐리리~ "아직도 디비자나? 이기 미쳤나!"
"아라따~! 간다간다"를 연발하는 걸 보니 제정신이 아닌가 보다.

그동안 숱한 경험으로 볼 때 이 자슥 아직도 이불 속이다. 그렇다면 10분은 더 기둘려야 한다는 사실을 잘 알고 있는 동료들!

급한 맘에 또 삐리리~ "다~ 왔따아~"

그 넘이 다 왔다면 이제 엘레베이터를 탔다는 뜻이다.

어제는 또 어디서 빨았는지 코끝이 빨갛다. 공칠 자리 만들어 줘, 자는 넘 깨워줘, 차 태워줘. 그렇다고 가끔씩 터져주는 넘이면 말도 안한다. 인정머리라고는 파리 대가리만큼도 없는 넘! 하지만 미워도 미워할 수 없는 넘이 바로 이 넘이다.

콧잔등이 시쿰하니 벌써 겨울인가? 벌써 겨울옷으로 갈아입은 언냐들! 뱀 껍질같이 얼룩덜룩 물날린 가운을 몇 년째 입히더만 올해는 장사를 잘했는지 깔끔하게 입히니 모두가 이뻐 보인다.

숏다리 그 자슥 콧물을 질~질~흘리며 따라 오는데 새벽을 보통사람 퇴근거치 돌아 댕기니 그럴 만도 하지. 술이 아직 덜 깬 상태이니 흔들 때가 되었는데도 흔들 생각을 않는다.

5홀. 그럼 그렇지. 마침내 시원하게 한방을 날려 보내는데 나올 것이 나왔다며 잠정구를 외치는 동반자들의 고함소리가 새벽을 잊은 듯하다. 아랫도리가 풀렸는지 잠정구마저 이상하다.

세컨 지점!

그 자슥은 희멀건 동태 눈으로 러프를 헤매는 동안 세 명은 희희낙락거리며 "배판에 양파한번 먹어봐라!"며 웃었다.

한 넘 버디! 두 넘이 파를 하며 홀아웃을 했는데도 그 넘은 제정신이 아닌 듯 아직도 러프를 헤매고 있다. 눈앞에 있어도 밟고 지나 갈 희미한 눈으로 뭘 찾는다구!

뒷팀이 벌써 세컨 지점에 도착했건만 아직도 그러니 보다 못한 뒷팀마저 공 찾기에 합세를 한다.

그린 뒤에 쭈그리고 앉은 우리마저 쪽팔리는데 뒷팀에서 그넘의 볼을 찾아 주는 게 아닌가!

어쩌든 복은 있는 넘인가벼! 그러고는 깃대 옆에 기브거리로 쩌~억 붙여 버린다.

대박이 터질 줄만 알았는데 돌아버릴 일이 아닌가!

'움직이는 룰북' 이라는 별명의 한 넘이 10분도 넘었다며 경기규칙 몇 조에 의거하야 시간초과라며 줄줄줄 읊어대니 "5분도 지나지 않았는데 무신 개짖는 소리냐"며 오히려 큰소리다.

"씰데없는 소리하지마라"며 뭐니뭐니해도 자기 배꼽시계가 최고란다. 그렇게 시간관념이 없으니 낮밤을 모르고 이슬 맞고 돌아다니지.

뻑뻑 우기는데 방법이 있나 체격은 쥐 붕알만해도 고집과 입심하나는 당할 넘이 없으니 어쩌면 그 넘이 세상을 살아가는 생존법인지도 모른다. 그러고는 그늘집이라고 생긴 곳은 전부 들어가서 맥주를 들이킨다.

17홀! 그 넘의 공이 또 실~실~ 밀리기 시작한다. 카트도로를 맞고 오비선을 넘는 듯한데 확인이 안 된다. 또 잠정구!

앞 홀까지만 해도 술챈 넘도 못이기는 병신들이라고 키득~키득~하더니 "조또! 잘 놀다가 막판에 거지됐다"며 도라이바를 내리치며 난리다.

이제는 새벽 술과 낮술이 짬뽕되니 보이는 게 없나보다. 허기야 낮술 채면 저거 애비도 몰라본다는데 뭐!

세컨 지점! 아무리 헤매도 그 넘의 공은 찾을 길이 없다.

한참을 헤맸을까 그런데 우째 이런 일이……. 그 넘의 공이 모래를 실은 작업트럭에 떡~하니 얹혀 있는 게 아닌가!

공을 치다가치다가 별~ 희안한 걸 다보네. 근데, "밉다니 업자" 한다고 그걸 버디로 언결해버리니 기가 막힐 노릇 아닌가!

터진 넘은 반본전은 챙겼다며 잔머리를 굴렸을 텐데 뚜껑은 뚜껑대로 열리고 속이 뒤집힐 수밖에. 결국 술독에 빠진 그 넘은 82개를 쳐버린다. 새벽 공을 친다고 초저녁부터 디비져 잔 넘들은 전부 거지가 되고 술독에 빠진 넘은 휘파람을 불었다.

그런데 알고 보니 더더욱 기가 막히는 것은 그 넘이 사용한 클럽이 아이언이 몇 개가 빠져 짝~도 맞지 않는 여자 클럽이었으니 미칠 일이 아닌가!

술은 취했고 잠은 설쳤고 시간은 없지 빨리 오라고 전화는 쉴새 없이 오니 급한 김에 갖고 온 것이 마눌이 배우려고 얻어 놓은 중고 클럽이었던 것이다.

기고만장한 그 넘이 욕탕에서 하는 말.

클럽 타령하는 넘들은 전부 미친 넘이라며 채가 무슨 상관이냐며 꺼~먼 고양이든 허~연 고양이든 쥐만 잡으면 된다는데 할 말이 없다.

개도 보고 가을도 보고

한주일 전만 해도 황금이던 들녘이 수확이라는 이름으로 세월인 듯 누워있다. 바람따라 휘어져 산산이 부서지길 기다리는 갈대!

키 큰 감나무에 몇 남은 까치밥이 너무 붉다. 가을은 생각보다 너무 짧다. 기다린 만큼 기다려 주지 않으니 그래서 아쉬움이 더 큰 계절인 지도 모르겠다.

내일은 지역 아마추어 대회가 있는 날! 연습은 눈꼽만큼도 않고서 는 온갖 상을 그려본다.

창밖은 겨울같은 바람이 불고 이리 뒤척~ 저리 뒤척~!

일찍 누워도 말똥~ 말똥~ 잠 안 오고 천정은 온통 골프공뿐이다. 머리 올리는 기분이 이랬을까? 장가드는 기분이 이랬을까?

몇 번을 깼는지 모르겠다.

깊은 강 외줄을 타다가, 번지 점프를 하다가, 시체를 업고 언덕을 올라가는 꿈이 영~ 지랄인다.

식탁 앞 마눌도 꿈이 찜찜하단다. 그넘의 상이 뭐길래. 굴리지도 못할 외제차를 타서 뭐하게! 애써 자위도 해보지만 설레는 걸 보니 마음은 아닌가 보다.

안면있는 몇 넘이 한조를 이뤘다. 잔디의 절반은 풀기마저 잃었고 날씨는 보통이 아니다.

걸을 수 없을 정도의 앞바람에 코끝마저 쏴~하다. 푸리쭉쭉한 얼굴들! 추위엔 있는 넘 없는 넘 구분이 없어 좋다.

이 넘도 훌쩍~ 저 넘도 찔찔~!

얼어 죽을세라 너나할 것 없이 겹겹이 챙겨 입고는 연팡 동짓날 동냥댕기는 거지꼴이다.

그래도 굴리든 띄우든 아웃코스는 그런대로 친듯하다. 인코스를 들어서면서 버디, 파가 이어지는데 씨벌~! 꿈은 반대라는데 그럼 길몽이란 말인가?

이러다 우승이라도 하면 어쩌나 하는 생각이 덜컹 든다. 생각이 거기에 미치는 순간 갑자기 아랫도리가 풀리고 폭탄주를 몇 잔이나 들이킨 듯 열이 팍~ 팍~ 올라간다.

추위는 뒷전! 바람막이마저 벗어 던지고 언냐는 갑자기 왜 그러느냐며 침착하라고 주문하지만 마음은 벌써 시상대에 놓인 트로피를 쥐고 있으니……

티박스에 올라서도 방향이 나오질 않는다. 그립을 쥐었다 놨다 꼼지락~ 꼼지락~ !!!

마음을 추스려 보지만 휘리릭~ 산중턱으로 날아가는 공! 욕심은 금물이라는데 우드를 빼 드는 어리석음을 범한다.

어이구~ 시펄!! 더 깊은 곳으로 날아 가버리는 공!

욕심만큼 공은 주인을 외면한다는 사실을 뻔히 알면서도 실수를 만회하려는 욕심을 부렸으니 될게 뭔가!

언냐는 발을 동동 구르며 "우드를 빼앗지 못한 내탓" 이라며 아쉬워한다.

뭔 소리? 그게 우째 언냐 탓이란 말인가!

서너 홀의 스코어를 한꺼번에 친 듯하다. 콧물을 찔찔~ 흘리며 겨우 벌어 놓은 것 몽창 까묵고 나니 긴장은 늘어지고 잠을 설친 만큼 노곤함도 따라 온다.

고기도 묵아 본 넘이 많이 묵고 우승도 해본 넘이 한다더만 개뿔도 뿔이라고 까불고 지랄하며 흥분을 했으니 말야.

헐떡거리는 사이 한 넘은 신이 난 듯 앞질러 가더만 그 넘도 긴장을 했는지 산속으로 날려 버린다. 찾기도 어렵지만 찾아도 문제일텐데 그 넘은 언냐를 데불고 쩔래~ 쩔래~ 올라 가는데 얼마나 깊은 러프인지 꿩들이 떼거리로 날아오른다.

꿩을 잡는지 꿩알을 줍는지 내려올 생각을 않는 그 넘! 한참 후 공을 찾았다는 고함소리에 돌아보는 순간 순식간에 볼이 그린을 향해 날아온다.

그런데 공을 손으로 휙~ 집어 던지는 것이 아닌가! 이런 씨발~! 야구도 아니고 저런 개새끼가 있나?

갑자기 숨이 막힐 지경이니 그냥 넘길 수가 없었다. 그 넘은 "벌타를 먹을테니 소문내지 말고 넘어가 달라"며 사정을 했지만 그걸 보고 칠려니 돌아버릴 지경이 아닌가!

상도 좋지만 어떻게 저런 넘이 골프를 할까싶다. 나중에 언니의 말을 빌리면 말릴 사이도 없이 던지더라며 "우리가 징계 먹지 않도록 해달라"고 사정을 하는 것이다.

3홀 밖에 남지 않았지만 그 넘의 얼굴을 보기가 싫다. 그동안 못 보는 사이 어떻게 했을까를 생각하니 혈압만 오르고 남은 홀을 어떻게 쳤는지 모르겠다.

열을 식히느라 냉탕을 들락거렸더니 한기를 느낀다. 목은 칼칼하고 코는 맹맹거리고 머리마저 띵~한데 기대섞인 마눌의 전화가 온다.

"우째됐노?"

"뭐가 우째 돼! 가을만 봤찌~!"

"어이구~! 개꿈이었구나~!"

"그래~! 개도 보고 가을도 보고 볼 것 다~봤어!"

니미~! 깊어가는 가을이나 볼 것이지 뭘라꼬 상을 쳐다보고 그 넘을 쳐다봐서 이렇게 속앓이를 하는지 올 가을은 아쉬움이 하나 더 늘어난 가을로 기억될 것 같다.

변강쇠 죽다

　　몇 명의 일행들과 일본을 다녀올 기회가 있었다. 일주일의 일정 중 세미나니 전시회니하는 본연의 임무는 뒷전이고 오직 한번 밖에 없는 라운드만을 기다리는데 전날부터 추적~추적~ 겨울비가 내린다.

　　씨벌~가는 날이 장날이라더니 하필이면 비가 올게 뭐야! 존나게 재수 없다는 생각에 잠을 청하지만 잠이 올리있나. 이리 딩굴~ 저리 딩굴~!!

　　꺼물꺼물한 눈으로 아침을 맞이하는데 다행히 비는 없다. 그러나 걸음을 옮길 수조차 없는 세찬바람!

　　버티고 서 있을 수도 없으니 조또~! 이럴바엔 차라리 비가 나을껀데 여기까지 와서 안 칠 수도 없고 기분이 꿀꿀하다.

　　그린의 깃대가 90도로 휜다면 바람의 정도를 이해할까?

근데, 이넘의 바람은 일방통행도 아니고 왔따리~갔따리~ 갈지자에 기준이 없다. 가운데를 겨냥하면 여지없는 오비이고 45도 돌아서서 바다를 향해 갈겨야 페어웨이에 떨어지니 때론, 그것이 성공했다고 따라 했다가는 바람이 멎기라도 하면 그대로 막창이 나버리는 어이없고 개같은 경우가 비일비재하다.

심지어 그린에서 기브를 준 볼도 잽싸게 낚아채지 못하면 원금보다 이자가 더 많으니 말야.

147야드 숏홀에 오너로 나선 넘. 5번 아이언을 잡았건만 50야드도 못 간다. 또 한 넘이 3번 아이언을 잡고 존나게 때려 보지만 70야드!

열 받은 한 넘은 도라이바를 들고 설치는데 순간 멈추는 바람 땜에 막창이 나버리니 어이~써벌! 도대체 어딜 보고 어떻게 쳐야할지 모르겠다.

할머니 캐디는 자기만엔 열심히 뭐라 씨부려대지만 뭔 말인지. 허기야 알아들은들 우짜겠어 멀쩡한 날에도 바로 가지 않는 볼인데 이런 개떡거튼 날씨에 바로 가길 바랄 수 있겠나!

혼자 흔들면 쪽팔리고 열도 받겠지만 전부 흔들어대니 차라리 다행이다. 이런 날씨엔 대갈통 때리는 넘이 왕이고 뒷땅치는 넘이 대장이니 이렇게 황당한 날씨에는 타이거우즈도 별 볼이 없다는 생각이 든다.

콧물, 눈물 다 짜고 락카에 들어서는 순간 모두들 뒷걸음질이다. 또 한번의 황당함! 남자 락카에 왠 여자들이?

238

남자 락카와 욕실을 아줌마들이 관리한다는 사실을 몰랐으니 타올로 가리는 넘 빤쮸를 걍~입고 욕탕에 들어가는 넘, 삐쭉~삐쭉~가재걸음을 하는 넘!

하지만 아줌마는 "볼 것 다 봤는데 가릴게 뭐가 있냐?"는 표정으로 영~무관심이다.

원래 욕실담당은 한 명이라는데 오늘 따라 네 명이나 설친다. 이 골프장은 노인들만 득새하는 곳인데 모르긴 해도 담당 아줌마가 변강쇠 고향에서 쥑이는 뻥계들이 왔으니 구경 오라고 했을지도 모르겠다.

그런데 힐큼~힐큼~쳐다보는 아줌마 앞에 솔직히 당당한 넘 하나 없더라구!

씻는 둥 마는 둥 나가는 넘, 잽싸게 욕탕에 들어가 모가지만 쏙~ 내놓고 있는 넘, 등허리 물기도 닦기 전에 앞부터 가리는 넘. 하나거치 잰 걸음에 꼬랑지를 내리니 씨펄~! 여자 앞에 뻘떡거리기는커녕 번데기 꼴인데 변강쇠거튼 소리하네.

암튼, 평생 겪어보지 못할 돌풍속의 라운드를 했지만 부러운 것은 여유 있는 티업시간과 곳곳의 친절이다.

나이가 쉰은 넘었을 법한데도 절벽까지 내려가서 볼을 찾아주고 비록 말은 통하지 않았지만 하나라도 갈켜 줄려는 캐디의 친절!

현관에 도착해서부터 후론트, 락카 욕실 어느 한곳이라도 골프장을 떠날 때까지 친절이 묻어나지 않은 곳이 없었다.

외국인이라고 해서 결코 푸대접하고 비하하지 않는 골프장. 미울 때 밉더라도 배워야할 선진골프의 표본일 듯 하다.

중국골프 1
골프장 뭉개고 보리나 십지!

세상이 바뀔 때 마다 늘~ 도마에 오르는 것이 골프다. 철천지 원수가 진 것도 아니고 뭔 넘의 죄가 많아 그러는지 모르겠다.

세상천지에 어느 나라 치고 골프 때문에 나라가 망했다는 소리를 들어 본적도 없는데 만만한 게 홍어 물건(?)이라더니 뻑~ 하면 껌인 듯 씹어대니 말이다.

세상이 바뀌면 으레히 글쟁이, 말쟁이들은 알아서 기며 이걸 씹어라 저걸 조져라며 자기 방귀는 냄새나는 줄 모르고 일거리를 물어다 주며 정의사회 구현을 외친다.

그러다 어느 날 밥솥에 가스가 떨어지고 밥이 식으면 거품을 물고 도배질을 하면서도 말야.

이런 반목의 연속 앞에 다치는 건 골프와 골퍼들뿐이다. 어이구~! 자기들은 구슬치기만 하는지 모르겠지만!

그런데 아무리 생각을 해봐도 이 넘의 골프가 맛이 있긴 있는가 보다. 주인이 바뀔 때 마다 끊임없이 단골 메뉴로 올라 오니 말야! 여태껏 씹었는데 요번엔 바뀌겠지 했는데 또 그게 아냐.

이제는 지겨워서라도 바꿀 만도 한데 말야. 허긴, 구멍 달린 음식이 그리 흔한 것도 아니니 그럴 법도 하지.

司正(사정)도 되고 射精(사정)도 하고 事情(사정)을 받을 수도 있으니…….

분식회계인지 따로국밥회계인지 대가리가 휙~휙~ 돌아 가는 넘 들이야 통밥 굴려가며 수백 수천 억을 게눈 감추 듯 삼킬지 모르지만 조 또 모르는 보통사람이야 그럭저럭 취미인냥 어렵게 운동하고 곗돈 부어 한두 번 해외 나가는 게 전부인데 이 눈치 저 눈치에 긴장을 해야 하니 말이다.

그래봐야 미꾸라지 통살 빠지듯 빠질 넘은 다~ 빠지고 결국 보나마나 피라미들만 개구락찌가 될 것이 뻔한데 짜릿하지 못한 司正 앞에 事情하고 긴장해야 하는 골퍼가 불쌍하다. 차라리 골프 금지령을 내리고 골프장을 뭉개서 보리나 심을 것이지!

이럴 땐 죽은 물건(?)이 되어 "나 죽었네"하고 처박혀 있어야지만 천년만년 산다는 거북이도 아니고 학도 아닌데 모처럼 계획은 잡혔고 몸은 지글지글한데 우짜겠노!

가는 날이 장날이라고 밤새 내리는 비는 공항에서도 하염없이 내린다.

별로 유쾌하지 못한 출정에 맘도 칙칙하고 상해는 비도 많고 물도 많다는데 뭔 넘의 복이 가지 밭에 넘어지는 과부보다도 못한지 원!

세관 검색대는 철저한 지시가 내려 왔다며 가방의 모든 클럽을 까~ 발시랜다. 그래도 클럽을 갖고 나가는 골퍼가 애국자야!

아닌 척하고 나가서는 몇 십 달러 주고 렌탈하는 것 보단 낫지. 괜히 눈치 보이게 하고 죄인 마냥 줄줄이 검열받게 하니 답답하잖아!

상해로 떠나는 비행기는 만석이지만 골퍼는 그리 많지 않은 듯 하다. 기내식이 배달되고 웅성거림도 잠시 벌써 내릴 준비를 하고 있다.

가깝고도 먼 나라 중국!

새로 지은 상해 포동공항은 그넘들 기세 마냥 엄청스럽게 크다. 인민대회 중이라서 인지 공항검색은 이중삼중으로 철저하며 2010년의 해양박람회를 유치했다는 입간판과 깃발이 즐비하다.

산이라고는 보이지 않는 도시엔 산거튼 빌딩공사가 한창이고 곧게 뻗은 8차선 도로는 1시간을 달려도 끝이 보이질 않는다.

한 시간여 달려온 곳은 빈해CC!

비는 그쳤지만 몰아치는 바람에 체감온도는 영하권이다. 가을쯤으로 생각한 날씨에 혀를 찔린 일행들은 개 떨 듯하고 허허벌판에 세워진 골프장은 손넘이라고는 우리뿐!

허긴, 이 날씨에 올 넘이 어디 있겠냐만 준 돈이 아까워서라도 돌아 갈수는 없잖은가!

골프장의 절반은 헤저드고 비 온 뒤의 페어웨이는 질퍽한 게 말이 아니다. 일행들의 주둥아리는 댓발이나 나오고 그래도 우째~ 맘 묵고 나왔는데 죽이든 밥이든 먹어야지!

새벽부터 허둥대며 공항에서 주눅들고 내리자마자 벌판거튼 골프장에서 뭔 공이 될려고 추위에 몸은 장승거치 굳어 있고 칼거튼 바람에 도라이바는 100미터가 고작이고 구석구석 뭔넘의 헤저드가 그리 많은지 동반자들이 빠뜨린 공만도 수십 개!

겨울에 겨울거튼 골프장에 원정을 왔으니 비싼 돈 주고 지랄도 이런 지랄이 없지!

우째 몸이라도 녹일려고 간 샤워장에는 탕은 고사하고 팔순 노인 오줌 줄기거튼 샤워기만 5~6개뿐이다.

씨바! 내가 가는 골프장은 맨날 이런 후진 곳만 걸리는 거야! 조상 앞에 제사를 거꾸로 지냈는지 묘터 잘못 썼는지 원!

내일도 존나게 춥다는데 36홀을 우째 할런지 걱정이다.

중국골프 2
목돈주고 이게 뭔 꼴이야

상해는 우리보다 위도상 아래임에도 생각보다 추웠다. 밤거리는 외투를 입어도 추울 정도인데 숙소의 난방은 개판이다.

히터는 죽은 넘 콧김거튼데 삐닥한 창틀 사이로 바람은 쑹~쑹~들어오고 예비 이불로 출입문을 막고 바람막이를 입고 자야할 판이니 이름만 호텔이지 시설은 여인숙 급에 허허 벌판에 누운 기분이다.

잠을 자는 둥 마는 둥 콜소리에 눈꼽만 겨우 떼고는 식당으로 우르르~!

너나 할 것 없이 밤을 뒤척인 듯 초췌한 얼굴이다. 소화도 덜된 넘들을 실은 버스는 뿌연 새벽길을 달린다.

밤새 추위에 떤 탓인지 히터의 훈기에 모두가 잠을 청하는데 눈 뿌리가 쑤시고 따가워 잠이 오질 않는다.

36홀을 돌 일이 꿈만 같다.

새벽을 여는 중국은 활기차다. 하늘 높은 줄 모르고 올라가는 빌딩들, 바삐 움직이는 건설현장은 중국의 발전상을 짐작할 수 있다.

중국의 한해 건설규모만도 12억 평방미터라고 하니 특히 중국 경제성장의 선봉인 상해 시는 서울을 능가할 정도라는데 우리는 연일 위기니 최악이니 하는 신문 활자에만 익숙해 있으니 답답할 뿐이고 적은 돈이지만 쓰고 간다는 것이 미안한 생각도 든다.

한동안 달리던 버스는 길을 잘못 들었는지 멈칫 멈칫 헤매고 있다. 가이드는 어눌한 말로 변명하지만 어딜 가나 이 자슥들이 문제를 일으키니 조또~! 자격이 있는 넘인지 없는 넘인지 모르겠다.

허긴, 워낙 넓은 땅덩어리 허허벌판에 산이라고는 없으니 찾기도 힘들겠지!

우리는 산길만 찾아가면 골프장인데…… 쩝~

한 시간여 시간을 낭비하고 찾아 간 곳은 실포트CC! 27홀 규모에 크럽하우스라든가 시설은 수준급이며 캐디들도 상당히 교육이 된 듯 친절하고 상냥하다.

어제와 다름없이 바람은 세차게 불고 귀마개라도 착용해야할 판!

개 떨 듯한 어제의 라운드가 몸서리 쳤는지 모두들 비옷마저 껴입었다. 며칠 전만 해도 날씨가 날아 갈듯했다는데 니미~! 뭔 날씨가 이 모양인지…….

2년 동안 거사(?)를 위해 한푼두푼 모아 손 없는 날 골라 놓고는 연

차를 내고 온 넘, 집안 행사가 있다며 휴가를 내고 온 넘, 일주일 내
내 마눌한테 닭살 돋는 아양마저 떨고 온 넘이 있는데 씨바~ 공이야
죽을 쑤더라도 날씨라도 좋아야 할 거 아냐?

공도 날씨도 개판이니 인상은 모두 성난 개꼴이다. 골프는 야지도
넣고 약도 올리고 해야 재밌는데 오늘거튼 날은 잘못 지껄이다가는
쥐어 터질 판이니 조심 조심!

소위, 싱글이라는 열여섯 넘이 갔는데 8자 스코어를 낸 넘이 겨우
두 넘뿐!

100개를 넘긴 넘도 태반인데 누가 누굴 잡고 말을 걸겠나!

야자수 그늘을 상상했던 초행자는 뭐 이런 곳이 있느냐며 투덜거리
고 에구~ 마눌들이 모여 "얼어 죽어라"고 숟가락 꽂고 빌기라도 했는
지 원!

오후가 되니 그나마 다행이다. 바람도 잠잠하고 햇빛도 볼 수 있고
얼큰한 라면 한 그릇을 먹고 나니 기분도 나아지는 듯하고 분위기도
달라지는가 했는데 또 뚜껑 열리게 하는 일이 벌어진다.

36홀을 예약했는데 늦게 도착한 탓에 9홀만 추가할 수 있다는 것이
아닌가! 화창한 날씨에 좀 칠만하니 이런 개거튼 일이 벌어지니 똥오
줌도 못 가리는 가이드가 정신없이 돌아 댕겨 봤지만 헛일!

환불도 안 된다니 줄 돈 주고 반머리 깎은 꼴이니 이게 뭔 짓인지.
떠들어 봐야 낯선 곳에서 어떤 망신을 당할지도 모르겠고 가나오나
골프장들은 이 모양 이 꼴들인지 모르겠다.

카트도 없이 이틀 동안 추위에 45홀을 돌고나니 온몸이 쑤신다. 세상도 어지러운데 뭔 해외냐는 마눌 말이나 들었으면 등 따시고 배부르고 사랑 받았을낀데 목돈주고 개 떨듯했으니 에구~ 잘치고 왔냐면 뭐라고 해야는지!

추위에 얼어 디비질 뻔하다가 겨우 왔다 할 수도 없고 온돈 주고 반머리 깎고는 개망신 당하고 왔다고 할 수도 없고!

벼르고 간 만큼 허탈함도 많았고 준비 없는 경솔함에 후회도 되고 어쨌든 상해여행은 망친 게임이었다.

이제 며칠 남지 않은 3월을 보내고 나면 시즌으로 접어든다. 코끝의 바람은 꽃향이 묻어 있고 양지바른 곳엔 풀끼마저 보이며 4월의 여신 개나리와 벚꽃의 가지엔 물이 오르고 움틀 채비를 한다.

그렇듯 분명 봄은 왔는데 세상은 봄이 아니니 걱정스럽다. 이것저것 모두 해결되고 봄날거튼 봄이 되었으면…….

푸르름의 시작인만큼 골프세상도 상큼하게 시작되었으면 좋겠다.

PART 4

한때는 새벽 공이 너무 좋았다.
여명을 좋아했고 이슬을 좋아했고
볼 뒤에 물줄기가 따라가는 그린을 좋아했다.

뒷통수에 쏘아대는 마눌의 잔소리에도
오후엔 은단 처먹은 닭거치 꼬박~꼬박~ 졸아도
상큼한 공기만큼이나 새벽이 그렇게 좋을 수가 없었다.

그렇게 세월은 흘러 이 만큼이 되니
찌푸둥한 허리에 흥미도 반감이 되고
세월이 세월인 만큼 새벽 골프도 한때라는 생각이 든다.

이쪽 가슴도 키워줘!

요즘들어 대부분의 골프장에 전동카트가 도입되면서 우리의 골프장들은 이제 완벽한 전쟁터를 갖추었다. 부킹전쟁까지 한몫을 했으니 말할 나위 없잖은가!

좁은 땅에 만든 탓으로 홀 간의 간격은 단칸방 일곱 식구거치 따닥따닥 붙을 수 밖에 없고 홀의 폭은 미스코리아 개미 허리거치 잘록잘록하니 공을 치러 왔는지 피구를 하러 왔는지 모르겠다.

홀을 가로 질러 날아 댕기는 공 때문에 가슴을 졸여야 하고 고속도로마냥 거침없이 달리는 카트 땜에 오줌이 찔찔 나온다.

목숨을 담보(?)로 골프를 해야 하는 우리의 현실이 기가 막히지만 자이툰 부대 지원같이 밀고 들어 오니 어쩔꺼냐. 암튼 철모에 갑옷을 입더라도 자신의 몸은 자신이 보호해야 한다. 어딜 가든 다치고 아프고 죽는 넘만 서러운 세상이니……

　

10여 년 전 어느 골프장의 개장식이었다.

사회자는 "대표이사님의 시구가 있겠슴돠~"라고 멘트를 한다.

내빈과 직원들은 사장의 멋진 샷을 상상하며 티박스 뒤 멀찌감치에서 박수 칠 준비를 하고 있다.

웃통을 벗어 재낀 사장은 빈스윙을 몇 번하고는 휘리릭~~!!!

　

딱~ 소리에 모두들 박수를 치고 골프장의 어느 이사님도 함께 박수를 치다말고 갑자기 얼굴을 감싸쥐고는 쓰러진다. 순식간에 벌어진 일이지만 이사님의 안경은 박살이 나고 병원 신세를 지는 희한한 사고가 난 것이다.

시구한 볼이 어떻게 티박스 뒤로 날아 올 수 있단 말인가?

　

티가 높은 탓이었는지 시구 공은 도라이바의 크라운 부분을 타고 뒤로 넘어 와서 박수치는 이사의 안경을 정확히도 친 것이다. 그때는 연막 시구 볼도 없던 시절이었으니 얼마나 아팠을까?

이처럼 개구리 뛰는 방향과 골프공이 가는 길은 알 수가 없다.

　

퍼브릭 골프장에서 아줌마 세 명 팀에 아저씨 한명이 쪼인을 했다. 나 같으면 도저히 엄두도 못 낼 일인데 간땡이도 큰 넘이지!

　

어느 골프장이든 위험한 곳이 한두 곳이겠냐만은 어느 홀은 슬라이

251

스가 나면 다음 홀의 세컨 샷 지점으로 떨어진다. 특히 초보자가 많다 보니 언제 대가리에 혹뿔이 나고 등짝을 맞을지 모르는 상황인데 그 아저씨는 카트를 타고 아줌마들의 세컨 샷을 지켜 보고 있었다.

동네 아줌마라도 구경하는 재미가 솔솔(?)했는지 미소를 머금고 굿 샷을 외쳤는데 그러다 말고 짧은 비명과 함께 쓰러졌다.

건너편 홀의 티샷 공이 슬라이스가 나면서 아저씨의 중심을 미사일 마냥 정확히 맞혀 버린 것이다.

속도 느린 축구공을 맞아도 얼얼하고 기절할 판인데 그 고통은 상상만 해도 아찔하고 포경 수술 후의 새벽과 정관 수술의 통증은 조또 ~ 아닌 걸 남자들은 안다.

엉금엉금 기기도 하고 뛰기도 하며 별지랄을 해도 통증은 쉽사리 사라지지 않는데 아줌마들이 알게 뭔가?

멀쩡하게 도라이바 날리고 파를 잡던 넘이 뛰고 기며 아랫도리를 만져대며 이상야릇한 행동을 하고 있으니 혹, 변태가 아닐까 생각을 했겠지!

아줌마들 틈에서 헛물을 켰다가 죽이는(?) 동작쯤으로 생각했다면 분명 끼 많은 아줌마였을테고……

암튼 재수가 존나게 없는 그 넘은 다치고도 동반자들의 위로도 못 받은 채 골프장을 떠났지만 집에 가서는 어떤 오해를 받고 무슨 변명을 했을지 궁금하다.

주변에 어느 아줌마는 군부대 골프장을 갔었다. 비행기가 뜨면 샷을 중단해야 하고 크로스하는 코스는 기다려야하며 언제 날아올지 모를 공에 여군이 된 기분이었단다.

동반자는 뜨는 공보다 구르는 공이 많은 초보 남자들이었다. 뒷팀은 엉덩이에 고추가루를 발랐는지 빨리도 따라오고 앞팀은 비행장 팬텀기를 삶아 처먹었는지 저만치 가는데 급한 마음에 티박스 옆에서 기다리는데 재수가 없을려니 초보의 공이 90도로 꺾어지는 쌩크가 나면서 왼쪽 가슴을 맞힌 것이다.

아이구~ 이 일을 어쩌나. 앞으로 꼬꾸라진 여자 앞에 남자들은 당황을 하지만 그렇다고 죽었는지 살았는지 만져 볼 수도 없고 열어 볼 수는 더욱 더 없으니 환장할 일이 아닌가!

고자 구멍 쳐다보듯 멍뚱거리며 바라만 볼 뿐이지!

다행히 아줌마는 일어났고 가슴은 부어 올라 통증은 있었지만 이제 살만하니까 넉살 좋은 아줌마는 아스팔트에 껌거튼 빈약한 가슴 때문에 고민했는데 돈 안 들이고 키워줘서 고맙지만 짝짝이가 뭐냐고 농담을 한다.

"아저씨! 책임져요!"

"어케 책임을 져요?"

"이쪽도 키워 주든가 해야지!"

"에혀~ 초보자가 정확히 그쪽을 때릴지 몰겠네엽?"

"으씨~~ !!!"

"그럼 다른 방법으로 키워 드리면 안 될까여?"

나중에 샤워장에서 보니 가슴은 짝짝이지만 이쁜 딤플모양의 문신이 새겨져 있더라나!

이렇게 골프장은 과히 전쟁터를 방불케 한다. 초보들의 실력도 문제겠지만 골프장의 관리 소홀과 무리한 진행이 사고를 부르는 원인은 아닌지 살펴야 한다.

아울러 무방비 상태에 노출된 도우미들의 안전에도 각별한 교육과 사후 대책에도 관심을 가져야 할 것이다.

어쩌든 즐기기 위한 골프에 사고의 후유증이 따른다면 모두에게 불행하고 슬픈 일이다.

겨울 골프

2월이면 골퍼들의 궁댕이는 너나할 것없이 가렵다. 연말이라며 정신없이 가버린 12월에, 연초라고 꼼짝 못하며 몇 주를 보냈으니 계절도 잊은 채 들썩거리는 것이다. 또한 해가 바뀐다고 뭐가 달라지는 건 아니지만 왠지 새해에 새롭다는 것 만으로 설레게 하는지도 모른다.

죽이 맞는 넘끼리 얼어 죽을세라 뚤~뚤~ 감고 나가 보지만 뒷땅이라도 몇 번치고 오비라도 내고 나면 왜 나왔냐 싶고 생각 못한 숫자라도 치고 나면 순간순간 뚜껑은 열리지만 그래도 뜨끈한 물에 몸을 녹이고 고기 한점 쐬주 한잔이 들어가면 방구석보단 낫다는 생각도 들고 그 맛 때문인지 겨울 골프장은 만원이다.

두 눈이 똑바로 박힌 넘이 아니면 자리 하나 얻어 걸리기도 힘드니 말야! 골퍼들이 그만큼 늘었다는 얘긴지~ 겨울 골프를 즐긴다는 건지 모르겠다.

암튼, 겨울 골프는 나름대로 묘미가 있다. 근데, 친구 한 넘은 겨울만 되면 클럽을 아예 집어 넣어버린다. 겨울 골프는 대가리가 이상한 넘들이 하는 미친 짓이라며 스키를 둘러메고 나서는 넘인데 스키를 잘 하는 넘이면 말도 안 해! 몇 년에 한 번씩은 인대가 끊어지든가 다리를 뿐질러 오는 일은 보통이다.

그러고는 골프 시즌이 되면 미친 넘같이 손바닥이 까지도록 두들기고 그래도 맨날 90대 중반에 뚜껑은 혼자 열리니 미친 넘이 따로 없지 않은가!

모르는 사람들은 철철이 종목 바꿔가며 사는 걸 부러워 하지만 결국 그 자슥은 이것도 저것도 아닌 집구석 망한다는 반푼수일 뿐이다.

아마추어 골퍼가 맨날 70대를 칠 수도 없지만 골프를 한철 행사쯤으로 여기면서 뭘 바라는가? 세상에 공짜가 없다는데 게을러터진 넘은 시즌 내내 주머니만 털릴 뿐이고 죽었다 깨어나도 90대 숫자를 면치 못 할 것이다.

그러고도 뚜껑이 열릴 때 마다 골프 끊는다는 소리를 달고 댕긴다. 숫자는 숫자일 뿐이고 골프, 스키 못한다고 반푼수라는 것은 아니지만 뭐 하나 제대로 노력도 하지 않으면서 탓을 하는 것이 문제라는 것이다.

춥다고 시즌이 아니라고 웅크리며 몇 달을 쉬었다면 어떻게 될까?

아마추어가 프로같이 갖추고 다듬어진 스윙도 아닌데 뻔할 뻔자 아닌가! 피를 말리며 시즌을 끝낸 프로들은 이 시기에 클럽을 바꾸고 스윙을 가다듬는다는 사실을 안다면 우리는 너무도 게을렀고 턱도 없는 꿈만 꿔 왔다는 것을 알 것이다.

발등에 불이 떨어져야 칼을 간다고 난리법석이고 시즌에 장비를 바꿔서는 연습은 눈꼽이면서 채 탓을 하며 웃기는 골프를 쳐 왔던 게 사실이다.

시즌이라고 해서 땡볕에 미친 넘같이 쫓아 댕기기보다는 횟수는 줄이더라도 겨울 골프는 있어야 하는 것이다. 꽁~꽁~ 얼어 빠진 땅에 뭔 지랄이냐고 할지 모르지만 골프는 스윙거치 연속성이 있어야 하며 이리 튀고 저리 굴러도 공을 따라 가는 인내는 계절에 국한되는 것이 아니기 때문이다.

어떤 상황이라도 핑계 없는 골퍼가 되려면 땅이 얼든 말든, 장대비가 오든 말든 불평하고 핑계대지 말아야 한다. 스코어는 미친년 머리카락거치 들쑥날쑥해도 포기없이 즐기고 또 다른 자연을 배우는 것이 겨울 골프의 묘미인 것이다.

어느 넘은 구들목에서 피리를 불든 나팔을 불든 시즌이 오뎅 국물거치 따끈할려면 겨울에 투자하여야 한다.

"황진이 옆집에 살면 상사병에 죽는다"고 잘 치는 넘 옆에서 열 받지 말고 겨울에 투자하여 올 시즌 또 다른 나를 발견해 봄이 어떨까?

스코어에 연연하지 않고 다양한 경험을 할 수있는 겨울 골프만이 시
즌에서 당신을 웃게 할 것이다.

어차피 세상은 고르지 않은데…

4월의 비는 단비이다. 한해를 준비하는 농사가 그렇고 골프장이 그렇다. 비 맞은 가로수는 벌써 진녹으로 변하고 모퉁이 잡초도 푸르다.

겨우내 다니고도 봄이면 새로운 듯이 또 설레이는 골프!

십수 년을 안고도 새로운 듯이 안아주면 사랑 받으려만 그것이 짜릿~ 짜릿~ 흥분되는 골프만큼은 아니니 이걸 어쩌랴!

그래서 잡은 고기는 먹이를 안준다니 마눌 하는 소리! 잡힌 고기도 도망을 갈 수 있다며 아쉬운 꼴을 못 봤냐고 난리다.

가끔씩 만나는 손님 한 분이 있다. 젊었을 때 꽤나 난봉짓을 하며 마눌을 괴롭히고 세상에 겁나는 것 없이 돌아 댕겼다는 그 양반!

이제 해볼 것 다~해봤으니 현실에 안주하고 싶었지만 놀던 버릇 때문에 그것도 힘들고 해서 골프를 시작했단다.

평소 골프는 미친 짓이라며 거들떠보지도 않았는데 심심도 하던 차에 운동선수까지 했겠다 조또 아니라고 본거야!

그런데 그 넘의 골프가 생각만큼 늘어야 말이지. 힘이라면 천하가 내껀데 도라이바를 들이대면 맨날 꼴찌에서 빌빌거리고 난봉짓에 늘은 건 구멍 넣기인데 조지나~!! 그넘의 구멍이 말을 들어야 말이지.

"니미~ 열 받고 스트레스 쌓여서 명대로 못 살겠다"며 골프 아니면 세상천지에 즐길게 없냐며 포기를 할 즈음에 정말 어려운 운동인지 같이 해보자는 마눌의 권유로 다시 채를 잡았는데 마눌과 경쟁하며 어느 정도 알고 나니 존나게 열 받던 게 존나게 재밌거든!

연습을 하다가도 하나를 느끼면 "그게 맞죠?"하며 전화가 오고 오랜만에 버디라도 하나 떨구면 흥분해서는 전화를 때리고 돈을 뿌리는 가락은 있기에 그날 배당 받은 언냐는 로또보다는 못해도 대박(?)이 터지는 거지.

일주일에 2~3번의 라운드는 보통이며 늘~ 마눌과 함께 하니 잉꼬 골퍼로 소문도 나고 마눌마저 골프 재미에 푹~ 빠지는데, 하지만 맨날 먹는 밥도 지겨울 때가 있는데 이틀이 멀다하고 끌고 댕기니 남자도 아니고 도대체 체력이 되어야 말이지.

골프가 아무리 좋아도 이젠 못하니 당신 혼자 가라고 해도 그 양반 고집이 황소라서 거역을 할 수가 없단다.

그 말을 들은 울 마눌!

"으이구~~! 누구는 넘쳐서 탈이고 누구는 굶어서 탈" 이라며 차라리 맨날 공치다가 퍼져 죽었으면 원이 없겠단다.

자고 나면 골프만을 생각하는 마눌이 볼 때는 호강에 받혀 요강 깬다는 소리를 할 수밖에. 누구는 가뭄에 콩 나듯이 눈치보며 나가는데 씨바~ 누구는 골프가 냄새난다고 하니 미칠 일이지!

땅이 꺼져라고 한숨을 쉬던 마눌이 눈에 흰창만 모으며 뾰로통해서 하는 소리!

"당신은 반성 할게 없나? 누구는 복도 많지! 우째 골프가 하기 싫다냐!"

"어이구~ 그래! 나도 로또라도 당첨되는 능력되면 골프장에 묻어 줄끼~!!"

"어느 천 년에?

"그나마 한 달에 한두 번이라도 치는 걸 다행으로 생각혀!!"

그렇게 복에 겨운 사람이 몇이나 될까만은 어쩌든 살아가면서 그것도 복이라면 복인데 새파랗게 젊었을 땐 허구헛날 독수공방에 날 밤까며 살다가 늘그막에 아랫도리 힘 떨어졌는데 이제 와서 개 끌리듯 댕기면 뭐해?

어쩌면 그 동안 젊음의 보상일 뿐인데 차라리 한푼 두푼 모아 치는 것이 보람되고 즐거운 것이지!

부족해도 문제겠지만 너무 넘쳐도 시끄럽고 지랄이다.

골프채가 우째 생긴 건지도 모르고 눈감는 사람이 태반인데 그나마

261

한 달에 한두 번이라도 짝대기 휘두르는 것도 다행 아닌가!

"어차피 세상은 고르잖은데 위만 보고 어떻게 살어?"

그 소리에 마눌도 풀어지는지 베시시~ 웃는다.

"여보~! 요즘 빠따도 시원찮은데 19홀이 어떤가?"

봄이나 볼 걸!

한때는 새벽 공이 너무 좋았다. 여명을 좋아했고 이슬을 좋아했고 볼 뒤에 물줄기가 따라가는 그린을 좋아했다.

뒷통수에 쏘아대는 마눌의 잔소리에도 오후엔 은단 처먹은 닭거치 꼬박~꼬박~ 졸아도 상큼한 공기만큼이나 새벽이 그렇게 좋을 수가 없었다.

그렇게 세월은 흘러 이 만큼이 되니 찌푸둥한 허리에 흥미도 반감이 되고 세월이 세월인 만큼 새벽 골프도 한때라는 생각이 든다.

써클 라운드가 새벽에 잡혔다. 평소 국물도 없던 마눌의 쥬스 한잔에 예감은 좋은데 밖은 온통 안개밭이다.

꽃이 떨어진 벗나무엔 붉은 움이 트고 안개 속 산비탈에 걸린 참꽃과 개나리는 물감을 쏟아 놓은 듯 온통 붉고 노랗다.

아름다운 계절에 시간 많고 주머니 탱탱하고 세상 걱정마저 없다면 얼마나 좋은 세월일까?

그기에 공까지 잘 맞아 준다면…… 푸헐~!

양보라고는 조또~없는 빡빡한 넘들이 붙었다. 대뜸, 한 넘이 5만원씩 경비를 묻어 놓고 돌려주기 없는 따먹기를 하쟌다.

오랫동안 공을 쳤지만 자신도 없거니와 단돈 천 원을 걸고라도 따먹는 내기는 하지 않았다. 그렇지만 오늘 팀의 분위기는 그렇게 가는 것 같다.

그저 싸고 재밌게 가끔은 오줌이 찔끔거리는 경비내기 정도의 홀매치가 적성(?)에 맞고 제격인데 씨바~! 따는 넘이야 좋을지 몰라도 따든 잃든 눈이 침침해지고 가슴이 벌렁거리는 그런 내기는 체질이 아니다.

식은 땀이 나며 아랫도리가 떨려온다. 마눌이 만들어 준 쥬스 한잔의 효과는 이미 빠진 듯하다. 어딜 가나 강한 척해도 배짱이라고는 개코도 없는데…….

썩어도 준치라지만 이런 내기판 경험이 없으니 멀쩡하던 드라이버는 가끔씩 낚시바늘이 되고 그럭저럭 맞아주던 아이언은 뒷땅 천국이다. 한 넘은 저만치 앞서가고 두 넘이 푸득거리는 통에 그래도 죽으라는 법은 없는지 어부지리 2등은 가고 있다.

에혀~! 새벽부터 잠도 덜 깬넘들이 뭘하는지!

평소, 숏게임으로 먹고 살았는데 모처럼 찾아 온 2미터 버디 기회도

264

보기를 해 버리고 선두를 달리는 넘의 공이 깃대에 붙을 때 마다 지갑은 얇아지고 봄날씨에 콩죽거튼 땀을 흘리며 살얼음판을 걷고 있다.

따먹기 내기는 안 했지만 경비 내기의 경험으로 볼 때 80대 공이 터지지 않으려면 더블 이상은 안 해야 하는데 그나마 더블이 없는 관계로 전반은 본전을 유지한다.

전의를 상실한 두 넘은 덫에 걸린 짐승거치 퍼득거리고 앞서가는 한 넘의 주머니는 돈복이 터져 소웃음을 한다.

이제 몇 홀만 버티면 터지지는 않겠다는 생각인데 또 한 넘이 허부적거리는 바람에 겨우 몇 장을 챙겼다. 경기는 끝나고 얼마나 긴장을 했으면 온몸이 욱씬거린다.

처음이지만 이런 내기 골프는 할 게 못된다. 괜히 쫄고 공은 공대로 안 되고 성질만 더러워 지고 분위기 삭막하고 터진 넘도 후유증에 딴 넘도 부담스럽고 에고~! 봄은 봄인데 숲은 보지 못하고 씨뽕! 나무만 보고 왔네.

근데, 평소에 늘~ 생각을 했지만 프로 선수들이 압박감에 휩싸이는 심정을 조금은 알겠더이다.

흔히들, "씨바~ 프로라는 것들이 그것도 못 넣냐?"고 하지만 실제 1~2만 원짜리 내기를 해보니 그게 아니니 말야!

그 상황에서 우승을 하는 넘들은 간이 배 밖에 나왔거나 아예 없는 넘들이 아닐까 싶다.

처음이자 마지막이 된 내기판에서 겨우 살아는 남았지만 돈을 따고도 찜찜하고 물이 오르려던 샷만 망치고 왔다. 하는 짓을 보면 딴 돈으로 보약이라도 사 먹어야겠지만 그 돈으로 팔자 고칠 일도 아니니 모두 돌려 줬다.

새벽부터 뭔 짓들인지 파릇~파릇~ 봄이나 볼걸!

수입이 20% 줄면 성욕은 50% 준다는데…

3월이면 밭두렁과 들판에 피는 민들레꽃을 본다. 봄의 전령같이 일찍이도 피는 노란 꽃인데 민들레는 특이하게도 줄기는 없고 잎이 뿌리에서 뭉쳐나오며 짧은 시간에 꽃대가 자라면서 꽃을 피운다.

민들레가 그렇게 일찍 꽃을 피우고 홀씨를 남기는 것은 초봄의 꽃이라서 꺾일 우려가 많고 밭갈이와 같이 농삿일이 시작되면 종자의 번식이 힘들기 때문이다.

또한, 자신보다 잎이 큰 주변 식물들이 성장을 하여 그늘이 생기기 전에 번식을 시키려는 본능 때문이다.

난도 물을 계속주면 꽃을 피우지 않고 피던 꽃도 떨어져 버리지만 물을 주지 않고 굶기면 곧 꽃을 피운다.

그렇게 식물의 공통점은 죽음이 다가 오든가 위협을 느끼면 종족번식의 본능이 생기면서 짧은 기간에 꽃을 피우고 씨앗을 만든다는 것이다.

흔히들 밤샘 놀음판에서 존나게 터진 넘이라든가 골프에서 박살나던 넘들이 딱딱이 판이면 속내를 드러내며 "죽은 물건도 한번은 선다"라는 소리를 곧 잘한다.

위기 맞고 있지만 한번은 기회가 온다는 얘기인데 그러면 정말 죽은 물건도 한번은 설까?

의학적으로 아는 것이라고는 개코도 없지만 인간이 생명을 다하고 숨이 넘어 갈 즈음에 실제로 종족 번식의 본능으로 한번은 끄떡(?)한다는 설이 있단다.

그래서 그 말이 걍~ 우스갯소리로 나온 말은 아니라는데…….

그렇다면 주머니가 거덜 날 판에 찾아 온 기사회생의 결정적인 버디 빠따가 성공해야 하는데 실패하든가 실패 할 확률이 높은 이유는 뭘까?

그것은 심인성 발기부전과 같이 힘을 쓰면 쓸수록 오그라들고 맛있는 식사 앞에 미리 설사(?)를 해버리는 것과 다를 바 없으며 넣어야 산다는 욕구 때문에 심리적 부담이 커지기 때문이다.

그런 빠따는 배가 부르고 주머니가 빵빵하여 남 부러울 게 없으면 무조건 또는 곧 잘 들어 가고 걍~ 흘려버리고 싶어도 미친 듯이 들어가며 모든 샷들이 신들리듯 기똥차게 맞아 들어 간다.

결국 터져도 그만인 돈이 있든가 간땡이가 크든가 배짱이 있어야 빠따도 그 시기도 그나마 생각대로 된다는 것이다.

"가정수입이 20퍼센트가 줄면 성욕은 50퍼센트가 준다"는 믿을 수 있는 그러나 존나게 열 받는 연구 결과가 있다. 그렇다면 계산상으로 40퍼센트가 줄면 슬프게도 거시기는 땅만 쳐다 볼 것이고 밤일은 끝장이라는 얘기가 된다.

돈이 전부는 아니라지만 힘이 펄펄 넘치던 넘도 심리적 스트레스를 받으면 개코나 되는 게 없다.

세상 어딜 가도 머리에 든 것보다 주머니에 든 게 많으면 큰소리를 치고 머리도 주머니도 빈 넘들은 눈치만 본다. 그래서 낮이고 밤이고 어딜 가든 지갑이 얇으면 대접은커녕 아래위 할 것없이 허벌레~ 주눅이 들게 마련이니 조빠지게 벌든가 아니면 간땡이와 배짱을 키워야 한다.

돈으로 인하여 신이 내린 최초의 스포츠와 마지막 스포츠에도 영향을 미친다면 참으로 슬픈 일이다.

골프장 가기 전에 망설임은 있어도 가서만큼은 무상무념으로 스트레스를 받지 말아야 하고 이래저래 마음을 비우는 것이 최고의 방법이며 그래서 욕심은 버리고 주눅 들지 않을 뱃심은 키워야한다.

골프는 사소한 것 마저 용서하지 않는, 워낙에 골 때리는 운동이다 보니……

퍼트에 강한 자, 약한 자

큰 대회를 보노라면 모든 승부는 그린의 주변에서 결정된다, 특히 나 빠따의 중요성은 말을 하면 잔소리가 될 정도이다.

어느 넘은 10미터 넘는 거리를 식은 죽 묵듯 집어넣는가 하면 또 어떤 넘은 1미터도 안되는 거리를 두고 벌벌 떨다가 실패를 한다. 그 만큼 모든 이의 고민은 낮이나 밤이나 그넘의 빠따인가 보다.

낮 빠따는 어느 정도만 되면 아마추어들이야 대만족인데 밤 빠따는 혀줄기가 빠지고 하늘이 노랗도록 꿍~꿍 거려도 성격(?)이 맞지 않는다고 양가에 허락 받은 빠따를 바꿔버린다.

그러니 몸에 좋다면 닥치는 대로 먹어 치우고 희한한 처방을 받으러 용하다는 비뇨기과를 들락거린다.

어쨌든 그 노력의 절반만큼이라도 낮 빠따에 투자를 하면 낮이든 밤이든 아래위 할 것 없이 즐거울 텐데 말야!

　남들은 뱀탕, 보신탕이라지만 난 청개구리를 삶아 처먹었는지 낮밤을 구분도 못하고 거꾸로 가고 있으니 될법한 일인가?
　거기다가 우리집은 움직이는 컵이라서 도대체 되는 게 없다. 안방은 허구헌날 비워놓고 거실로 나가 버리니 도대체 연습을 할 수 있어야 말이지!

　개그맨은 재치가 있어야 하듯 이넘의 골프도 공을 다루는 감각이 있어야 하고 또한, 직업과 성격도 무시 못할 요인이다.
　형편이 되면서도 굳이 골프를 사양하는 사람은 분명 공에 약하다. 등산은 잘 할지 모르지만 축구를 해도 배구, 족구를 해도 헛발질에 헛손질!
　각종 체육대회에 잘 나타나지 않으며 나타나도 느즈막히 양복차림이다. 공을 다루는 감각이 떨어지고 공을 따라 댕기는 게 자존심 상하고 싫은 경우다. 주변을 살펴보면 벌이가 좋고 시간 많은 치과의사가 골프를 잘하고 생각대로 빠다수리(?)를 자주하는 비뇨기과 의사들도 잘 하는 편이다.
　이는 섬세함이 골프에 미치는 영향과도 관계가 있을 듯하다. 허긴, 생명을 다루는 직업에 어느 것 하나 중요하지 않은 게 없지만서도…….

　머리를 싸매는 업과 체어맨은 모든 면에서 약하고 이론과 논리에 집착하는 골퍼는 레슨 빨이 받지 않으며 소심한 성격은 빠따에서 만큼은 단소콤프렉스로 늘~ 미치지 못하기 때문에 용하다는 비뇨기과에서 확대수술을 받아야할 타입이다.

먼~ 친구 한 넘!

공대출신 박사로서 한때 골프에 미쳐 돌아 댕겼지만 요즘은 포기를 했는지 이민을 갔는지 그림자도 보이질 않는다. 그 친구의 클럽은 볼 때 마다 달랐고 늘~ 신무기로 출전했으며 심지어 기성품 빠따는 민을 수 없다며 빠따도 직접 만들기까지 했다.

하지만 모든 사람의 밥이었고 그 넘의 지갑은 먼저 보는 넘이 임자 였으니…….

이~따만한 거리를 쑥~쑥~ 집어넣는 넘을 보고는

"씨바~! 공은 왜 둥글게 맹그러서 공평하지 않게 하느냐"며 어디로 튈지 모르는 럭비공이나 주사위거치 골프공을 맹글면 재수로 들어 갈 수도 있고 공평하지 않겠냐는 넘이었다.

연습도 누구보다 많이 했고 이론도 많고 배운 것도 많은데 문제는 귀가 얇고 소심하며 생각이 너무 많은 골프를 했기 때문이다.

부하직원을 믿지 못하거나 의심이 많은 사람이 3빠따를 많이 하고 맡겨 두거나 믿고 사는 긍정적인 성격은 적절한 골프를 한다.

너무 낙천적이거나 다혈질은 빠따를 못하고 내기에 약하며 따지고 묻거나 대화 중에 비유와 예를 잘 드는 사람은 빠따에는 강하나 야지 에는 약하다.

272

국내외에서 활동하는 우리 프로 선수들을 보면 알 수 있듯이 빠따 미스를 하고는 하늘을 쳐다보거나 허공을 응시하는 골퍼는 분명 성깔이 있는 편으로 빠따의 기복이 심하며 차라리 쥐고있는 빠따를 놔 버리든가 주저앉는 스타일이 담담함보다는 못해도 빠다에는 훨~ 안정적인 성격이다.

홀의 어느 구석을 뜯어 봐도 만만하고 쉬운 곳은 없다. 호락호락 들어 주는 밋밋하고 헤픈 구멍도 없고 그렇다고 넣지 말라며 이리 저리 움직이는 구멍도 없을 뿐더러 세상의 모든 걸 거부한다며 뚜껑이라도 덮어 놓은 구멍은 더더욱 없다.

요즘, 공짜라면 날아오는 대포알도 받아 먹는다지만 두들기지 않고 열리는 공짜에 무사통과하는 구멍은 없는 법!

열거한 것들이 단편적일 수는 있지만 직업과 성격을 타파할 수 있는 유일한 방법은 조금 생각하고 많이 연습하는 것이 최선이 아닐까?

내가 성을 바꾼다

  골프를 하다보면 기분 좋은 만남도 많지만 늘 마음에 맞는 4명의 동반자를 만날 수는 없다.

  그렇다고 라운드 마다 동반자를 골라가며 골프를 할 수 없는 노릇이니 어쨌든 속내를 감추고 참아야 한다. 시작부터 인내를 요구하는 것이 골프이기 때문이다.

  누구라도 한번쯤은 이런 말을 했을 것이다.

  "저 새끼와는 죽어도 안 친다."

  "저 넘하고 공을 치느니 차라리 골프를 끊겠다."

  그렇게 맹세를 했지만 무심코 따라 나섰다가 보기 싫은 넘이 있는 날엔 개죽을 쑤게 마련이다. 그렇다고 가방 메고 나온다면 불러 준 동반자에게 예의가 아니니 참아야 하겠지만 골프는 개판이 된다.

몇 해 전 몇 번의 라운드 경험 후 "그 넘과 공을 치면 내가 성을 바꾼다"고 다짐을 했던 일이 있었다.

내 평생 골프 친구에서 제외시킨 딱~ 두 넘인데 주변에서도 그넘들의 얘기만 나오면 누구나 침을 튀기는 골프장의 악동인데 써클 땜빵 자리에 그넘들을 만난 것이다.

씨펄~!! 성을 바꾸게 생겼네 그려~!!

불러준 동반자는 그것도 모르고 인사를 시키고 평소 잘 아는 사이라며 뻘쭘하게 인사를 나눴다.

운명의 장난치고는 너무 심한 게 아닌가? 한 명도 아닌 두 명인데 그것도 같은 팀에 묶어났으니 표정관리를 어떻게 하며 18홀을 어떻게 갈 것인가!

한 넘은 골프장에서의 칼싸움이 한두 번이 아니었고 간사스럽도록 칭찬을 하고는 다른 곳에서 뒷북을 치며 옆에서 지키지 않으면 수없이 공을 움직이는 넘이다.

또 한 넘은 산속에서 공을 집어 던지다가 들키고 티박스에 올라서면 빈스윙을 열 번도 넘게하여 동반자들의 진을 빼고 돌아버리게 하는 넘이다.

그들이 공을 건드리든 집어 던지든 그냥 갔으면 좋겠건만 미친 자슥들은 또 내기를 하잖다.

또 얼마나 속을 뒤집고 진을 빼려고 그러는지 그래도 어쩌겠나, 불러준 사람의 입장도 있으니 죽은 넘 물건거치 따라 갈수밖에 없었다.

몇 년만에 만났는데 핸디를 달라며 또 손을 내민다. 세월이 그렇게 흘렀는데도 더러운 버릇은 여전하다. 어딜 가도 얻어 쳐 먹는 넘은 맨날 구두끈만 만진다더니 10년도 넘는 경력에 사지가 멀쩡한 넘들이 말야!

대꾸도 안했더니 그럼 스크라치로 하잔다.

멀뚱~ 멀뚱~ 앞만 보고 간다. 티샷을 하면 10미터나 벗어나서 기다리고 퍼트를 할 때는 그린에 올라서지도 않는다.

괜히 트집 잡히기 싫어 두 넘의 주변에는 얼씬도 않은 것이다. 간간이 캐디들의 굿샷 소리만 들릴 뿐 전반을 돌때까지는 절간이 따로 없었다.

공을 치러 왔는지 절간에 수양을 왔는지 에혀~! 이게 뭔 지랄이야!

인코스에 들어서면서 재밌게 치잔다. 씨바~! 어느 넘이 비싼 그린피 주며 재미있게 칠 줄 몰라서 안치는 줄 아냐? 하는 꼬라지기 더럽고 행실이 미워서 글치~!!

그러고는 온갖 허풍을 떨며 상대의 칭찬을 해댄다.

"드라이브가 기가 막힌다"느니, "아이언이 빨래줄이고 퍼트가 예술이다"느니 하며 침을 튀기지만 그럴 땐 그 넘을 경계해야 한다. 칭찬 뒤에는 꼭 장난을 친다는 것이다.

롱홀에서 티샷한 그 넘의 공이 겨우 살았지만 세컨 샷이 벙커에 빠지면서 끝만 보이고 묻혀 버린다. 벙커 옆을 지나면서 "자슥! 한번 죽어 봐라"며 지나 가다가 무심코 돌아 봤는데 그 넘은 벌써 장난을 쳐놓은 것이다.

볼이 굴러 간 자국도 없는 깨끗한 모래 위에 밉살스럽게 올려져 있는 그 넘의 공! 기가 막힐 노릇이다.

같은 홀에서 또 한 넘은 세컨 샷이 오비가 났었고 잠정구를 치고는 공을 찾아 오비 선상을 헤매다가 초구가 살았다며 고함을 치고는 확인도 전에 쳐 버린다. 분명 캐디도 오비라고 했지만 더러워서 눈을 감아버렸다.

더 웃기는 것은 뺑커에서 공을 옮긴 그 넘이 오비가 아니냐고 따지며 확인해 달라는데 겨 묻은 개나 똥 묻은 개나 뭐가 다르다고 재밌게 치자더니 씨펄넘들! 참 재밌게 치네.

식당에서 누구라고 밝히지는 않았지만 그 넘들의 이야기가 회자될 때 나타난 두 넘은 자기들의 이야기인 줄도 모르고 "그런 넘들은 버릇을 고쳐야 한다"며 오히려 침을 튀긴다.

"그럴 때는 바로 지적을 하든가 조꺼테서 같이 못 치겠다며 클럽을 집어 던져라"며 조언(?)까지 하는 것이 아닌가!

뻔뻔스런 낯짝에 끓는 냄비를 덮어씌우고 싶을 뿐이다.

세상은 영원한 적도 영원한 동반자도 없다지만 골프에서 만큼은 가까이 할 수 없는 동반자가 많다. 나 스스로도 칭찬받을 골퍼는 아니라는 생각에 늘 후회하고 돌아서면 반성의 기회를 갖지만 더럽게 골프를 배운 넘들을 보면 골프를 끊고 싶다.

즐기기 위하여 어떤 골프장으로 가는 것도 중요하지만 누구와 가느냐가 더 중요한 것이 골프가 아닐까?

페리오가 치약 이름인줄 아는 선배

해마다 아마추어들을 위한 대회가 푸짐하게 열린다. 각종 메이커대
회는 물론 골프장의 챔피언대회까지 열려 프로대회와 다를 바 없는
기싸움에 신경전까지 전쟁터를 방불케 한다.

부드럽게 넘어갈 수 있는 부분까지도 프로대회 이상으로 딱딱하고
대회라는 단어 하나에 그렇게 경직될 수가 없다.

수천만 원이 걸린 것도 아니고 팔자가 달라질 명예가 있는 것도 아
닌데 말야!

얼마 전 200명에 가까운 인원이 모여든 지역의 아마추어대회!

스트로그와 페리오 방식을 겸하는 대회인지라 잘 치는 넘 못 치는
넘 할 것 없이 분위기는 달아오르는데 내기 공의 달인들도 눈에 띄고,
입만 싱글 떠벌이도 보이고 밥만 먹고 공만 치는 내노라하는 싱글들

까지 모두 모였다.

그동안 기껏해야 3~4팀이 모이는 써클 대회는 치뤄봤지만 타이틀이 걸린 큰 규모의 대회는 몇몇을 제외하고는 첨인 듯하다.

홀아웃을 하라느니 스코어카드는 이렇게 적고 누가 누구를 마커하라는 진행자의 설명마저 생소하다.

우리조의 동반자는 누구일까? 한 넘이라도 아는 넘이 있으면 좋으련만 대부분의 팀들은 서로를 모르는 듯 인사 외에는 얼음 위에 자빠진 소마냥 멀뚱~멀뚱 하늘만 쳐다본다. 모두들 긴장 탓인지 첫 홀은 똑바로 보내는 넘이 없다.

그렇지 않아도 티박스에 올라서면 아랫도리가 후들거리는데 낯선 넘들이 지켜보는 대회라는 것만으로도 멀쩡하던 도라이바도 뒷땅에 쪼루에 오비가 나버리는 판에 어쩌면 앞으로 굴러 가는 것만으로도 다행일지 모른다.

그러한 긴장 속에 대회가 끝나면 샤워장은 시장바닥이 된다. 비누 거품을 뒤집어쓰고 희희락락 웃는 넘이 있는가하면 온갖 욕에 불평불만을 토해내는 넘까지 각양각색이다.

한 넘이 하는 말!
쭉쭉 빠지던 홀이 갑자기 세 팀이나 밀리더란다. 뭔 일인가 했더니 앞 팀에서 실랑이가 붙었는데 멀쩡하게 가운데로 날아간 동반자의 볼이 행불이 된 거야.

참피언 조도 아닌데 벌타먹고 그냥 여기서 치자니 마커는 어느 지점인지도 모르는데 무슨 소리냐며 룰대로 티박스로 가서 다시 치라는 게 아닌가!

그렇지 않아도 첫 홀부터 자기 공은 뒷전이고 가자미눈을 하며 형사거치 따라 다니는 마커땜에 영~부담스러웠는데 끝까지 개지랄을 하더라는 것이다.

자슥! 공을 치러 왔는지 감독을 하러 왔는지 그런 넘들한테 완장 채워주면 아마도 동네를 작살 낼꺼야!

결국은 끝까지 고집하는 마커땜에 열 받은 그 동반자는 이런 분위기에는 못 치겠다고 빽을 둘러메고 나가 버렸단다.

아무리 대회라지만 인간이 만들어 즐기자는건데 너무하는 것 아니냐고 주변에서 난리였다니…….

또 어느 팀의 동반자는 18홀 내내 말을 하지 않더란다. 중간 중간 말을 붙여도 귀가 멀었는지 대답도 않더만 주변의 카트 소리에도 어드레스를 풀어 버리고 동반자의 기침 소리만 나도 다시 정렬을 하는가 하면 심지어 반대편 홀의 티샷 소리에도 그쪽을 꼬나보니 이거야 원~ 부담스러워 미치겠더라는 것이다.

그것도 한두 홀이면 몰라 매 홀을 그러니 첨엔 무심코한 헛기침에 졸라 미안해했는데 나중에는 그 자슥 하는 짓꺼리가 미워서 따라 댕기며 코를 풀었다니 그 넘도 대단한 넘이지.

물론 그 사람의 성격이려니 했지만 왠지 씁쓸했다니 원!

어느 선배는 페리오 방식이 뭔지도 모르고 주변에서 간다니 거름지고 장에 가듯 따라 나왔는데 20년이 넘도록 이 바닥에서 사업을 하며 공을 쳤지만 한번 본적이 없는 동반자들을 만났단다.

산전수전 다 겪은 선배지만 대회라는 이유로 청심환까지 한입을 깨물고 나왔다니 알만 하지.

아무리 개박살나게 터져도 흐흐~ 하며 넘기고 모조리 개박살을 내며 이겨도 흐흐~하는 선배인데 오늘은 왠지 낯설고 떨리더라는 것이다.

첫 홀에서 기분 좋게 맞이한 뻐디 기회가 홀컵 언저리에 멈추는데 동반자의 우렁찬 오우케이~소리에 무심코 집어 올렸단다.

지금까지 그래왔듯이 너무도 당당히 집어 들었는데 순간 "앗차~ 이게 아닌데? 홀아웃을 하랬는데……."

어떻게 해야 하는지 갑자기 어색해지는 분위기가 5초나 흘렀을까?

누군가의 입에서 "벌타 없이 다시 놓고 홀아웃하세요"라는 소리에 멋쩍어 하는데 모두들 그러라는 한목소리였으니 첨엔 어색도 했지만 분위기는 물 흐르듯 지나가고 그늘집에서 서로 음식값을 내겠다며 난리인가하면 끝날 즈음엔 형, 아우로 바뀌면서 다시 한번치자는 약속까지 했단다.

페리오가 치약 이름인줄만 알고 있는 그 선배에게 딱딱한 룰과 홀아웃을 강요하는 건 어쩌면 무리일지도 모른다. 하지만 대회를 통하여 평생 골프를 하고도 느껴보지 못할 그 짜릿한 홀아웃을 경험하고 골프 친구도 만났으니 "세상에 이런 경험도 있구나"를 느꼈을 것이다.

잘 치려는 마음이야 누구나 같지만 대회라는 이유 하나로 지나친 욕심에 상대를 불편하게 하고 동반자를 적같이 생각하며 5시간을 다닌다면 어찌 운동이라 하겠는가!

원래 법이라는 것이 룰이라는 것이 인정머리라고는 찾아 볼 수 없는 규정이고 명색이 대회라면 룰을 따라야겠지만 그동안의 관습과 잠깐의 실수마저 용납할 수 없다면 세상은 너무 삭막하고 딱딱하다.

상황에 따라서 동반자의 이해와 배려가 묻어있다면 대회의 참여는 즐거움이 배가 되는 그런 골프가 되지 않을까?

선수와 갤러리 , 그리고 골프장 까치

운동을 시작하는 순서는 어릴 때 동네 축구로부터 대부분 테니스,
볼링 등을 거쳐 골프로 이어 진다.

기준도 없이 헐떡거리며 뛰어 댕기는 축구는 어릴 때 유일한 즐거
움이었고 성향에 따라 다를 수도 있지만 청년기에 접어들면서 대부분
단체 운동을 떠나 테니스나 볼링 등의 개인 성향의 운동으로 바뀌어
간다.

그러다 어느 날 하늘이 내린 마지막 운동이라는 골프에 입문하고는
중장년 시절을 보내고 어느덧 7번 아이언이 무겁다고 느낄 때 골프라
는 단어에 종지부를 찍고 버틸 때까지는 뒷산을 오른다.

그렇듯이 운동은 평생을 따라 댕기고 밥숟가락을 놓을 때까지 함께
하는 즐거움이 있다.

운동은 함께하는 즐거움도 있지만 보는 즐거움도 있다. 하지만 우

리나라 국민성은 뛰는 선수를 보며 박수치는 즐거움보다 헛발질, 헛손질을 해도 선수로 뛰는 걸 좋아한다.

특히 골프는 다른 운동에 비해 보는 즐거움보다는 하는 즐거움의 스포츠로 인식되어 골프 선진국과는 달리 국내 골프 대회장은 다리 밑에 초상집거치 썰렁하기만 하다.

또한, 관전 태도도 이것이 씨름장인지 축구장인지 구분이 안 된다. 근간, 인터넷을 통하여 골프선수와 갤러리의 관계에 대한 갑론을박을 보면서 골프란 운동이 참~ 희한한 운동이란걸 다시 한번 생각케 한다.

어쩌면 각자 생각들이 시어머니와 며느리의 안방과 부엌의 이야기거치 들릴 수도 있지만 관전 방법은 종목에 따라 달라져야 하지 않을까 싶다.

축구장에 관중도 없고 응원도 없고 TV 카메라마저 돌아가지 않는다면 베컴도 박지성도 조빠지게 개 거품을 물고 헐떡거리며 뛰지는 않는다. 한가닥 바람마저 외면하는 양궁장에 꽹과리를 두들기며 응원을 해댄다면 선수는 지랄거튼 관중이라며 활을 놔 버릴 것이다.

또한, 자신이 좋아하는 골퍼가 역전의 마지막 퍼터를 준비 중인데 옆에서 " 넣.어.라~ 넣.어.라~ 우.리.선.수 넣어라~"고 외친다면 정말 웃기는 일이잖은가!

다른 운동은 어떠한 경우라도 한 개의 도구를 사용한다. 하지만 골프만큼은 14개라는 많은 숫자의 도구를 이용한다. 때문에 많은 정성

284

과 노력은 기본이지만 클럽의 숫자만큼이나 복잡하고 환경의 지배를 많이 받는다.

거기엔 자신이 감당해야할 부분도 있지만 제3의 요인도 많다. 그래서 골프만큼 매너를 중시하는 운동도 없는 것이다.

옆에 공이 떨어져도 꼼짝도 않는 골프장에 길들여진 까치도 있지만 수백 미터 너머 도라이바 소리에 한 뼘 빠따를 놓치는 것이 골프며 동반자의 그림자에 신경이 거슬리고 발자국 소리와 주변의 헛기침에도 어드레스를 푸는 것이 골프잖은가!

프로가 관중에 약해서야 되겠냐만 골프 선진국에서 마저 샷 할때만큼은 "입 좀 닥쳐라"는 문구의 팻말을 들고 댕긴다. 하지만 긴장이 극에 달했던 홍명보의 마지막 페널티 킥에서 "조용히"라는 팻말을 들고 댕기는 것은 못 봤다.

같은 운동도 정적인 운동과 동적인 운동의 차이가 있듯이 종목에 따라서 관중의 관전 태도는 분명 달라져야 한다.

어느 선수가 관중의 카메라의 샷타 소리에 격분을 하고 어느 동반자가 또 다른 동반자의 야지에 뚜껑이 열렸다면 격분한 선수나 뚜껑이 열린 골퍼를 탓해야 할 것인가?

허긴, 남의 돈을 묵고 사는 프로선수가 조그만 관중의 실수조차 용납을 하지 못하고 예견된 상황에 준비되지 않았다면 골프장에 길들여진 까치보다도 못하다.

또한, 즐거워야할 동반자와의 모임에서 농담마저 이해 못한다면 골프의 재미도 세상사는 재미도 반감되게 마련이다.

하지만 긴장하는 그 순간만이라도 배려하는 매너쯤은 있었으면 좋겠다. 어느 운동이든 매너는 따르지만 또 다른 매너를 요구하는 골프니 만큼 지킬 것은 지키는 것이 올바른 관전 태도며 매너있는 골퍼가 아닐까!

친구가 보고 싶다

멀리 있는 친구로부터 연락이 왔다. 오랜만에 고향에 내려가는데 부킹은 해놨지만 같이 칠 넘이 없다며 친구들을 맞춰 보라는 것이다.

그렇지않아도 몸이 근질~근질~했는데 얼마나 반갑든지 그러자며 이넘저넘 연락을 했다.

옆에서 보고 있던 마눌이 또 흥분한다며 차라리 보따리 싸서 골프장 옆에 움막을 치고 살라며 뿌루퉁~ 입이 댓발이나 튀어 나온다.

에구~! "오늘은 일찍 들어가서 등이라도 긁어 줘야지"하며 다짐을 하지만 꼭 이럴 때는 뭔 건수가 생겨도 생기니 말야!

그러니 맨날 밉상이나 보이고 눈칫밥이지.

아침!

새벽같이 들어갔으니 잠을 자는 둥 마는 둥 몸 구석구석이 찌뿌둥~

287

어깨가 **뻐근**하다.

파스라도 붙여야하는데 코가 **삐툴어**지게 자고 있는 마늘을 깨울 수도 없다. 괜히 불난 집에 기름 붓는 것도 아니고 말야!

근데, 혼자서 어깨까지 손이 닿아야 말이지. 새끼들조차 "백호야 날 잡아 가라"며 자고 있으니 깨울 수도 없구!

할 수 없이 파스를 바닥에 깔아 놓고 등허리를 그 위에 맞추는 방법으로 파스를 붙였다.

내가 생각을 해도 기발(?)한 아이디어야!

사지가 멀쩡한 마늘을 옆에 두고 이기 뭔 꼴이람! 자는 척하면서도 하는 짓을 곁눈질 했을지도 모르지. 그러고는 기발하게도 파스를 붙이고 나간다고 했겠지.

비 온 뒤라 검은 차가 온통 황토빛이다. 멧돼지 사냥을 나갔나 꿩사냥을 나갔나? 밤새 어딜 돌아댕겼는지 윈도우조차 흙투성이니…….

오랜만에 보는 친구이다.

30분을 가는 동안 몇 차례나 전화가 온다.

"난 도착했는데 어디 쯤 왔느냐"고.

망할넘! 그렇게 보고 싶으면 일찍 전화라도 하지.

현관까지 나와서 기다리는 친구!

"이자슥 대가리가 더 **뺏꺼졌**구먼!"

"이넘들! 이젠 중늙은이 다~됐네!"

반가움에 아침에 찝~찝한 기분은 온데 간데 없다.

바람한점 구름한점 없는 날씨다.

이자슥! 박수무당한테 날이라도 받은 걸까? 이런 좋은 날에 그립던 친구와 함께하다니, 늦게 배우고 멀리 있는 탓에 한번도 같이 한 적이 없는 넘인데!

뒷땅에, 오비에, 쪼루에 아직은 설익은 과일이지만 오늘만은 스코어도 필요 없고 아웅다웅 내기도 필요 없다. 걍~농담도 하고 장난도 치고 그늘집 맥주한잔이 좋을 따름이다.

햇살 따스한 5월의 막~ 깎은 잔디는 너무 좋다. 명절 때나 봄직한 멀리 있는 친구라도 초상집 고스톱판에서나 가끔 보는 친구라도 이번 주말에 시간이 어떠냐며 불러내 보자.

비록 스코어는 개판이라도 보고 싶고 잊혀 질 뻔한 친구와 우정의 샷을 날려보자. 골프가 좋고 친구가 좋다면 말야!

같이 살 것도 아니라면 웃어라

불볕 더위라고 해야하나, 불가마 속이라고 해야하나?

경력있는 골퍼라면 수없이 경험해 본 일들이지만 7월초 더위치고는 과히 살인적인 더위였다. 대기시간에 벌써 옷은 소나기를 맞은 꼴이니 오죽했으면 그린피를 포기하고 가자고들 했을까!

쫄병이라서 그렇게도 할 수 없는 선후배 모임. 8팀 부킹에 죽어도 못 친다는 6명이 펑크를 내는 통에 총무는 죽을 인상이고 조 편성은 엉켜버린다.

우리 조는 하늘같은 15년 이상의 선배가 3명이라서 섣불리 행동도 할 수 없는 자리. 에고~ 에고~ ! 연세 탓인가 벌써 선배들의 등허리엔 소금기마저 베이는데 그 와중에도 그냥 치느냐?고 묻는다.

흐흐흐흐~ 또 피할 수 없는 한판이 시작되는가? 턱도 없는 핸디를 달래는데 신경전을 벌일 수도 없고 더운 날씨에 또 다른 더위를 먹게 생겼구만!

그동안 조 편성이 달라지면서 수없이 가방을 옮긴 탓에 캐디들 얼굴은 더위 반, 짜증 반으로 지쳐 있다.

첫 홀의 긴장감은 어느 때나 마찬가지다. 조마조마하고 누가 나를 뚫어져라 쳐다보는 것 같고 만약 쪼루라도 내면 생판 낯선 사람이라도 돌아서서 키득 거리며 웃을 것 같고 그런 게 생각나는 날엔 연팡 쪼루 아니면 오비잖은가!

난 자주 치는 사람들과는 룰 미팅 시 꼭 집어넣는 게 있다.

"상대가 쪼루나 오비 냈을 때 소리내며 웃자고."

돌아서서 웃는걸 보면 앞에서 웃는 것 보다도 더 열을 받고 성질나는 일이잖은가!

그런 제안을 하면 모두가 동의한다. 늘 자기는 그 웃음의 대상이 아닐거라고 생각하면서 말야.

그런데 어디 맘대로 되나! 몇 홀만 지나봐. 올그락불그락 가을 단풍은 저리 가라지! 때론 얄미워하고 때론 고소해 하고…….

하지만 오늘은 그럴 수도 없는 엄숙하다 못해 숙연한 그런 자리가 아닌가! 쪼루났다고 웃기는커녕 러프에 들어간 공마저 찾아 줘야하니 답답하지. 그렇게 해줘도 벼락 맞은 소고기마냥 서로 뜯어 먹으려고 달려드는걸 보면 이넘의 골프는 선후배도 없지 아마~?

전쟁터에서 적의 실탄을 찾아 줘야하는 심정! 마음 같아서는 찾은 실탄도 밟아 버리고 싶은데 후배라는 이유로 바람 한 점 없는 러프를 헤매야하니 써벌~ 러프에는 모기떼는 왜 그리 많은지!

그 와중에도 난 핸디를 지키는데 선배들은 힘이 부치나보다. 거리 며 방향이며 중구난방에 맞아 떨어지는 것이 하나도 없다.

그사이 주머니가 불룩해지나 싶은데 아니나 다를까 노 선배들의 히스테리가 발동한다. 평소 매너가 빵점이라 같이 치려하지 않는 선배인데 오늘도 역시나 멋진(?)매너를 선보인다.

그것도 그럴 것이 매홀 벙커는 전과자 감방 드나들 듯 하고 그린에 올려도 보는 사람이 민망할 정도로 3퍼트는 밥 먹 듯하니 누구라도 열 받았겠지.

후배들한테 그런 꼴을 보이기 싫었든지 매홀 캐디한테 화풀이를 하는데 철조망너머 오비 볼을 찾아 오라질 않나, 벙커를 고르기는커녕 발을 질~질~ 끌며 골을 파질 않나! 아무리 열을 받아도 그렇지 지켜보는 사람이 더 열 받을려고 하니 니미~ 선배만 아니라면 어휴~ !!!

러프를 헤매고 벙커를 밀고 난 뒤 땀으로 얼룩진 캐디의 젖은 모습이 너무 애처롭다. 모르긴 하지만 그녀는 마음마저 젖은 느낌이다.

그래도 어쩌랴! 같이 살 넘도 아니니 웃자고 했지!

중간 중간 살구랑 자두를 따와서 먹어 보라는 것이 그녀 스스로 마음을 달래려는 듯 해 보인다.

더우면 정신도 오락가락해지고 동반자에 대한 배려도 지켜야 할 매

너도 모두 더위에 녹아 버린다. 손가락 하나 까딱하기도 싫은 더위에
비싼 돈 내고 불가마속으로 자청해서 뛰어든 우리가 아닌가?

날씨 더운 것만으로도 충분하다. 거기에 동반자의 보기도 역겨운
매너와 짜증이 더해진다면

여름 골프는 그야말로 불가마에 지옥일 수밖에 없다.

개 죽을 쑬 때 온 손님

다친 허리의 뻐근한 증세는 여전하다. 낼 모레면 대회라 벌써 마음은 콩밭인데 몸은 말을 듣지 않고 하필이면 시즌에 뭔 꼴인지!

썩어도 준치라고 창피는 당할 수 없다싶어 쪼인이라도 하려고 갔더니 한 시간을 기다리란다. 요즘 같은 경기에 골프장들만 배가 터지는구만!

열흘만에 나와도 초보거치 가슴은 콩닥거리고 낯설기만 하다. 동반자는 친구인 듯한 세 넘인데 미들홀이 몇 번만에 들어가느냐는 말을 주고받는 걸 보니 아직은 왕초보인 듯 하다.

허이구 발로 차도 저 넘들 보다는 낫겠지 했는데 근데 이것들이 딱딱 갖다 맞추는데 거리는 짧아도 똑바로 간다. 어쭈구리~!

연습스윙을 몇 번하고 휘리릭~ ~ ! 어? 느낌이 이상하다.

"언냐 공 어디로 갔어?"(언냐도 갸우뚱, 그 넘들도 어리벙벙!)

잘 갔겠지 자위하며 티를 뽑는데 코앞에서 퍽~한다. 씨벌~ 내 공이네!

고작 10미터는 갔을까? 뒷 팀의 히죽거림이 들린다. 짜슥들! 차라리 소리 내서 웃어라!

허둥지둥 쪽팔림에 연습스윙도 없이 3번 아이언을 들고 립따~친것이 쪼루루~ 뒷땅이다. 조또! 비온 뒤라 흙탕물만 튀기고 구르지도 않네. 오비도 없이 트리풀을 하고 나니 등허리가 축축하다.

첫 홀은 그렇다치고 이번엔 되겠지! 휘리릭~ 이번엔 100미터 앞에 떨어지는 쪼루! 어이구~ 지랄났네!

"손님 엄청 많이 남았습다"하며 언니는 7번 아이언을 준다. 엄청 남았다면서 7번을 주는 이유는 첫 홀을 보아하니 폼은 싱글인데 하는 짓은 아니니 초보취급을 한 것이다. 그들이 겪은 오랜 경험에서 나오는 판단이며 대접이다.

그러고는 뛰란다. 초보 주제에 엉거정거리니 건방스럽다고 생각했는지 모르겠다. 아무런 생각없이 뛴다.

허긴 그래 골프장에 오면 공 잘 쳐야하고 카바레가면 잘 돌아야하고 대가리는 먹통이라도 주머니에 쩐이 많아야 대접받는다구!

다음 홀!

휘~익!

흐~흐~ 오비인가 했더니 나무를 맞고 들어온다. 굿 샷을 외치는 동반자들!

평소 같으면 좋아라했거늘 쥐구멍이라도 찾고 싶다. 열흘 쉬었다고 이렇게 다를까? 씨블! 대충 대충 쳐버려?

생판 모르는 넘들한테 쪽팔리면 어떠랴! 내기를 하는 것도 아니고 끝나면 그만인데 그러고는 털래~털래~가는데 동반자 세 넘이 너무 모른다.

카트도로에서도 치고 오비말뚝 넘어서도 걍~치고 빠따는 순서도 없고 빵카는 씨름판거치 맹글고는 걍~나오고 입이라도 댈려니 초보 취급받은 주제에 한마디라도 한다면 입은 싱글이네 할 것 같아 한마디 말도 못했다.

전반을 돌고나니 46개! 그늘집에 들어가기가 부끄러워 민거적거리는데 자꾸 들어오란다.

할 수없이 테이블 귀퉁이에 앉아 발끝만 쳐다보는데 한 넘이 우린 4개월짼데 얼마나 쳤냐고 묻는다. 공이야 묵은 공이지만 쪽팔림에 1년쯤 됐다고 하니 "그래도 그만하면 잘 친다"며 난리다. (이런~씨바! 염장을 찌르고 있네!)

또 한 넘 "쪼인하는 사람은 전부 잘 친다길래 우린 엄청 쫄았는데 우리와 비슷하니 다행이네여"(씨브랄! 아예 속을 뒤집어라!)

"어이구~ 미안험니다, 근데 쪼인한 사람 잘 친다고 누가 그래여?"

"어느 골프 싸이트인가 『쪼루인생』이라는 코너에 나와 있더라구여!"

헉~ 이럴 수가? 순간 숨이 막혀 죽는 줄 알았다. 이넘들이 내가 필 자인줄 알고도 일부러 뒷땅을 치는 건 아닐까? 하지만 난 모른다고 콤푸타에 콤짜도 모른다고 딱 잡아뗐다. 그러고는 가방에 달린 명찰을 얼렁 떼어 버렸다.

졸음 뒤에 냉수를 마신듯 정신이 번쩍 든다. 어느 넘도 몰라보게 철모인 듯 푸~욱 눌러 쓴 모자! 가슴은 다시 콩닥거리고 아랫도리는 풀려 걷기조차 힘들다.

이제 절반을 돌았는데 이 일을 어쩌랴! 갈 길은 멀고 설사는 나고 해는 서산을 넘는데 등에 업은 얼라는 죽어라 울어대는 꼴이다.

초보 세 넘과 똑같이 터부적~ 터부적~! 스코어 카드가 말해주듯 이제는 초보행세를 할 수밖에 없다. 어쩌다가 잘 맞아봐야 재수라 할텐데…….

해는 산을 넘고 라이트 탑에 불이 들어오고 차라리 컴컴한 라이트 밑에 얼굴이라도 안 팔려 다행인 듯 하다. 그래도 후반에는 나은 듯 하지만 어떻게 왔는지도 모르겠다.

인사를 하는 둥 마는 둥 돌아서는데 어떻게나 쪽이 팔리든지! 온몸이 땀에 젖어 끈끈해도 목욕도 않고 와 버렸다.

그럭저럭 맞아 줬다면 "내가 누구요"라고 했을텐데 씨펄~! 하필이면 개죽을 쏠 때 손님이 올게 뭐람!

새벽잠이 많은 넘

골프에 미쳐 천지를 모르고 돌아 댕기지만 누구나 아찔~아찔한 순간을 한두 번은 경험했을 것이다.

쌩크 한방에 멀쩡하게 일하는 언냐를 입원시키고 시간 맞추려고 과속하다 또랑에 처박히질않나 그래서 때론, 밤새 안녕이라고 사람 잡는 게 골프인데…….

주변에 친구 한 넘 초보 때부터 새벽 공은 죽어도 싫어하는 넘이다. 초보 주제에 부르면 낮이든 밤이든 개발에 땀이 나도록 뛰어 와야 하는데 워낙 뻔뻔스런 넘이다 보니 난리통에 새벽이면 어떻고 라이트 경기면 어때서 부킹도 못하는 주제에 어떻게 골라 댕기느냐 말이다.

유흥업소를 하는 넘거트면 말도 안하고 새벽 기도 댕기는 넘이라면 차라리 이해라도 하지.

그렇다고 남들은 뒷산을 오를 시간에 정력이 유별나서 쭈글땡이 마늘 붙잡고 노닥거린다면 차라리 용서를 한다. 이것도 저것도 아닌 것이 지랄 꼴값을 하고 말야!

9월의 중순 어느 날!

그렇게 새벽 골프를 싫어하고 거절하던 넘도 거절하는 것도 한두 번이지 한번 치자는 친구들의 부탁에 "내가 잠이 많아도 그렇지 친구 좋다는 게 뭐냐"며 승낙을 한다.

씨바~! 그래도 친구라고 불러 줄때가 좋은 줄 알아야지.

새벽 공기는 너무 좋다. 창문 틈 바람에 콧잔등이 시큼한데 벌써 가을을 알리듯 성급한 나뭇잎은 누런빛으로 변하고 있다. 새벽을 즐기며 한참을 가는데 삐리리~전화가 온다.

"야~! 눈이 따거워서 운전 못하겠따~"

"이 자슥이 미쳤나. 지금 시간이 몇 신데?"

"나 태워가면 안 돼나?"

"난, 벌써 다 왔어! 씰~때 없는 소리하지 말고 존나게 밟아라."

"아~써벌, 아라따!"

코 앞에 골프장이 보이는데 또 전화가 온다.

"와?"

"야~ 난, 못 가겠따~!"

"이 자슥이 시방 장난 치냐?"

"그게 아니고 차를 박았는데 몸은 멀쩡하지만 조또~~!! 차가 말을
들어야 말이지"

"사고 났냐?"

"그랴~! 씨바꺼~!!"

그래도 다치지는 않았다니 다행이다. 가드레일을 박았는데 차가 꼼
짝을 않는다는 것이다.

새벽잠 많다는 넘은 디비자도록 놔둬야 하는데 하필 그넘을 데불
고 와서는 어이구~ 미치겠네!

콧대 높은 후론트에 사정~사정해서 30분을 미뤄놓고 허겁지겁 현
장에 도착하니 그 자슥은 멀쩡한데 차는 묵 사발이 되어 저수지 가드
레일에 걸쳐져 있다.

"졸지에 냉동실에 들어 갈 뻔 했다"며 피식~웃는 그 넘!

잠을 깨울려고 "꽃을 든 남자" 1절까지는 따라 불렀는데 퍽~ 소리
에 정신을 차려보니 차 대가리가 하늘을 보고 있더란다. 목격자들의
말로는 서너 바퀴나 돌았다는데 그 자슥은 멀쩡하니 천만 다행이다.

골프고 지랄이고 그 넘 마눌한테 3넘이 무릎을 꿇을 판이라서 충격
도 심하고 정신도 없을 텐데 걍~ 돌아가라고 했더니 잠 설치고 목숨
걸고 왔는데 뭔 소리냐며 오히려 고함을 친다.

그런데 3넘이 그 자슥한테 개박살 났다는 거 아뇨!

정신이 없고 놀란 건 그 넘인데 멀쩡한 3넘이 허우적거리며 개박살
에 쌍코피가 터져 버렸으니 웃기는 일이 아닌가!

나중에 알고 보니 수리 견적이 3백만 원이라는데 보태 주지는 못할 망정 서로 뜯어 묵을려고 했으니 죄 값을 치른거고 모르긴 해도 하느님이 있긴 있는 모양이다.

혼쭐이 난 그 넘! 오늘부터는 덤으로 사는 인생이란다. 가드레일만 없어도 저수지에 꼴까닥~했으니 말이다.
아무튼 그 친구 액땜은 했지만 조금만 일찍 일어나고 준비를 했으면 그런 일이 없었을 것 아닌가!

이제 새벽 라운드에 다시는 그 넘을 부르지도 않겠지만 동반자들을 기다리게 하고 허겁지겁 숨 가쁘게 도착해서 뭔 골프가 되며 즐기겠는가 말이다.
어쨌든 내키지 않는 약속은 하지 말아야하고 약속을 한 만큼은 여유로움이 있어야 할 것이다.
비싼 돈 줘가며 골프에게 종살이까지 할 필요는 없잖은가!

내가 울던 곳에서 너도 울어봐라

제 아무리 똑똑해도 골프 앞에서는 장사가 없다. 팩~팩~ 돌아가는 머리만 믿고 운동의 소질과 경험만을 믿고는 낭패를 보는 게 골프라는 것이다.

주변에 국대를 거친 모 축구선수는 뛰면서도 움직이는 공을 찼는데 정지된 공이야 조또~ 아니라고 달려들다가 아직도 헤매고 있으며 모 프로 야구단의 감독을 맡고 있는 친구 또한, 시속 140킬로미터가 넘는 공도 치는데 이것쯤이야 했다가 인간 문화재거치 아직도 백돌이로 남아 있다.

그만큼 골프는 또 다른 노력과 경험을 요구하는 운동이다. 누가 뭐래도 세월만 보내면 고향 앞으로 가는 군대거치 밥그릇을 따질 수도 없는 것이며 이라크의 바스라를 박살내던 미국의 첨단 기술거치 머리와 장비로도 해결될 수 없는 것이다.

때문에 노력과 경험이 따라야 하는데 노력이야 나름대로 하겠지만 이넘의 경험을 얻으려니 주변에서 그냥 두지를 않는 것이다.

기회도 없고 불러 주지도 않고 모처럼 땜빵이라도 불려가면 "내 울던 곳에 너도 울어 봐라"는 식으로 도시락을 삼는 건 보통이고 이런저런 이유로 무시하고 기분을 잡치게 하는 것도 다반사이다.

어느 날 공을 치고 온 마눌의 입이 댓발이나 나왔다. 오랜만의 외출이라며 룰루~ 랄라~ 했던 마눌인데 나름대로 90개정도는 치는데 뭣땜에 뚜껑이 열렸는지.

알고 보니 여자 고수들의 모임에 땜빵으로 간 모양이다. 비행장이면 어떻고 주차장이면 어때서 불러줌에 감사하고 감격한 나머지 한수 배운다며 쩔래쩔래 따라 나선 마눌!

고수라는 이름만으로 신혼 첫날 밤보다도 더 가슴이 콩닥거리고 주눅이 드는 판에 그들이 빵~빵~ 날려 대니 첫 홀부터 기본은 간 데 없고 20년 전 애 낳던 힘이 나올 수 밖에 없었단다.

홀홀 대가리 아니면 뒷땅에 오비는 기본이고 운행 중 양파를 밥묵듯 했지만 평소에 빠따 만큼은 어렵잖게 했는데 그것마저도 배신을 땡기니 죽을 맛이지!

하지만 고수와 맞짱을 뜨려는 욕심에 버벅~ 거리며 뒷땅을 치고 오비를 낸 것은 자신의 탓이니 이해를 했단다.

문제는 고수라는 사람들이 게스트를 불러 놓고는 지들 끼리 히득거리고 게스트야 오비를 내든 양파를 하든 개코나 관심조차도 없더라는 것이다.

모든 그린은 키 높이에 바가지를 엎어 놓은 꼴이니 올리면 쭈루룩~ 쭈루룩~ 인데 헐떡거리며 겨우 올려놓고 나니 그들은 "양파~오케이~!"를 외치고는 돌아보지도 않고 가버리는 것이다.

누구나 경험했을 법한 엿거튼 이런 기분을 아는가? 몇 홀을 빠따 한 번 잡아 보고 못하고 기브를 받으면 돌부처도 뚜껑 열리는데 빠따라도 잡아 보게 해야지!

그뿐이라면 열도 덜 받게? 깃대만한 거리를 귀찮다는 듯이 기브를 줘버리고 생색을 내는 건지 지들 내기하는데 걸리적거린다는 건지?

아무튼 기분은 뭐거치 나쁘더라는 것이다.

기브를 줘도 그냥 주면 말도 안하지!

"따블 오케이~! 트리플 오케이~!"

기브를 줄려면 걍~ 주지 남의 스코어는 왜 읊고 지랄인데? 자신이 잘 쳤을 때 우월감에 상대를 무시하듯 생색내는 이런 동반자들 많잖나요.

여기 까지라면 또 몰라!

모처럼 깃대에 붙여 놓으면 기분 나쁘다는 듯이 툭~ 쳐 내며 기브를 주니 정말 열 받을 일이다. 굿샷이나 나이스 샷하며 집어주는 아량은 베풀지 못할망정 고수라는 인간들이 이 모양이니 하수들이 뭘 배우겠나!

하루 종일 스트레스 받고 온 마눌을 이해할 것 같다.

사회 어느 구석이든 차별과 무시는 존재하며 잃은 만큼 보상 받으려는 심리는 골프에서도 마찬가지이다. 배워서 나오는 골퍼 없듯이 지난 시절 어렵게 배웠을지언정 손님으로 불렀으면 최소한의 관심이라도 가져야 하지 않을까!

또한, 자신이 그렇게 배웠다고 해서 되갚으려는 생각보다는 가끔은 초보자에게 배려하며 경험이라도 키워주면 어떤가?

잘 치면 잘 치는 만큼 겸손한 배려라도 있었으면 좋으련만…….

골프는 면도날 차이

비 갠 뒤의 하늘은 높고 허리 높이 코스모스도 꽃을 피웠다. 때맞추어 벼 익는 소리에 농부의 손도 바빠질 것이다.

찌는 더위에도 변함없이 다녔던 악바리 골퍼도 반기는 가을이고 더위 탓에 한동안 채를 놨던 그저 그런 골퍼도 반가운 가을 시즌이다.

계절이 바뀐다고 조지나 달라 질것은 개코도 없는 널뛰기 실력이지만 분명 가을은 공치기 좋은 계절이다.

유난히 짧은 가을에 몇 번의 라운드가 고작이겠지만 흥분하는 봄 시즌보다 혀줄기 빠지는 여름보다는 휠~ 낫다.

형편만 된다면야 굳이 계절 따질 필요야 없겠지만 보통 골퍼들이야 모처럼의 라운드에 비라도 찔찔 오고 한낮 더위에 땡칠이가 되어 돌아 댕긴다면 돈이 아깝잖은가?

그동안 더위와 비를 핑계로 여름 골프를 피해왔고 그렇게 쉬다보니 안치면 그만이고 치고 싶은 생각도 없었는데 더군다나 연습이야 원래 없지만 클럽한번 잡아 보지 않았다. 그런데 모처럼 써클 라운드에 나가보니 그것이 슬럼프가 될 줄이야!

좁은 동네이니 평소 안면이 있는 아줌마 같은 처녀 두 명과 조를 이뤘다. 원래 숫기라고는 조또없고 할매라도 치마만 두르면 겁부터 내는 성격이니 입장도 하기 전에 아랫도리는 흐물거리고 어깨는 힘이 들어가니 될 일인가!

마눌 하나도 감당을 못하면서 두 여자들 사이에서 지랄났네!

첫 홀부터 끝이 당겨버리는 드라이브. 다행히 오비는 아니지만 아름드리 소나무 뒤에 숨어 버린다.

오랜만에 나가고 힘이라도 들어가면 꼭 나오는 몹쓸 병인데 오늘 같은 날에 그 병이 재발을 한 것이다. 레이디 티라고해서 그렇게 차이도 없는데 두 여자는 씨바, 뭘 먹고 왔는지 짱짱하게 따라오니 미치지!

아마추어 골퍼는 드라이브가 맞질 않으면 아이언이고 퍼터고 개죽을 쓰게 마련이다.

몇 홀을 허걱거리니 "아저씨는 핸디가 얼마냐"고 묻는다.

옆에 여자는 한술 더 떠서는 "보기 플레이는 하시죠?"

걍~ 웃어 넘기지만 기분은 좋을 리 없다.

거리는 둘쑥날쑥 방향은 갈팡질팡하며 공은 개판이지만 내기라도 하면 달라질까싶어 제안을 한다. 그들도 노는 꼴을 보니 싫을 이유도 없다는 듯 한 홀에 한점씩만 준다면 무조건 오케이란다.

말을 꺼냈으니 체면에 접을 수는 없고 하자고는 했지만 한 홀 한 점이라면 조빠지게 쳐서 파라도 잡으면 상대는 보기를 해버리고 허걱거리다가 더블보기라도 하면 터질 수밖엔 없잖은가!

나이 먹고 이렇게 여자 앞에 기쁨조가 되다니…….

마눌이 알았으면 뭐라고 했을까?

당장, 운동이고 지랄이고 집어 치우라고 했을거며 그런 실력으로 남자도 아닌 여자들과 내기는 미쳤다고 하느냐는 말도 **빼놓지** 않았을 것이다. 그런데 샷이 조금 전과는 분명 달라졌긴한데 도대체 뭐가 어떻게 달라졌는지 알 수가 없다.

잘 맞았을 때는 어떻게 쳤는지 기억조차 없고 드라이브에 집착하다 보니 아이언이고 퍼터고 물이 된다. 그래도 경력자들은 숏게임으로 먹고 산다는데 니미~! 그것마저 배신을 당기니 될게 뭔가?

깡통만 없지 다리 밑에 거지꼴이 될 지경이다.

남은 홀은 몇 개뿐! 몇 만원이 터졌지만 이런 승부에 집착할게 아니다 싶어 하나하나 짚어 가며 샷을 조금 바꿔 봤더니 어라? 그것이 기똥차게 맞아 나가는 게 아닌가!

아이언도 괜찮고 퍼터마저도 좋아진다. 남은 홀은 버디 아니면 파였으니 말이다. 면도날 같은 차이에 샷이 이렇게 달라지다니…….

모든 것이 그렇겠지만 골프에서 의욕과 욕심이 앞서면 스스로의 잘못을 찾아 낼 수가 없으며 걍~ 놔두면 병이 된다. 엉킨 실타래를 서두르고 한꺼번에 풀려면 더 엉키고 나중에는 영원히 풀 수 없듯이 이 넘의 골프도 마찬가지이다.

오늘은 비록 여자들에게 터지고 경비를 썼지만 쪽팔림 뒤에 얻은 것이 있으니 가을 수확치고는 괜찮은 편이 아닌가!

우즈를 따라할 것인가?

골프는 다른 운동과는 달리 같이는 하지만 결국은 혼자서 하며 죽을 쑤든 밥을 태우든 스스로 감당을 해야 하는 운동이다. 비록 동반자가 게임의 적이지만 실력으로 승부하여야 하고 제2의 장애물로 경기의 흐름을 바꾸는 행위를 해서는 안 된다.

때문에 어떤 이유든 상대를 해해서는 안 되는 운동이다. 하지만 우리는 시기와 질투는 무엇보다 많이 배웠어도 배려와 너그러움은 그렇게 배우지 못했기에 실천하지 못한다.

제69회 마스터즈 대회에서 첫 라운드에 개죽을 쑤다가 뒤집기로 우승을 거머쥔 타이거 우즈를 언론들은 극찬을 하며 스포츠란의 머릿기사로 다뤘고 활자 또한 타이슨의 주먹만하게 올려 놨다.

짐승거치 포효하는 사진과 마눌과의 키스 장면도 실었다.

그래서 타이거 우즈는 골프의 신동이며 천재며 황제라는 온갖 수식어가 따라 댕긴다.

우즈의 집념과 노력, 승부근성은 어려운 세상을 살아가는 모두의 표본이며 누구나 본받고 싶고 대단하게 평가 한다.

당대에 한 명이 나올까 말까한 골프의 황제임에는 틀림없지만 그의 행동에 견주어 보면 과연 매너도 황제일까?

세계 1인자라는 넘이 전 세계의 골퍼들이 지켜보는 가운데 빠따를 집어던지고 아이언을 찍는 등 해괴한 짓을 하는데 그것도 황제의 행동이라며 골퍼들이 본받아야 할까?

황제답지 못한 그의 행동을 따라 할 골퍼야 없겠지만 최소한 공식 자리에서 만큼은 황제다운 면을 보여 줘야 한다.

그도 인간인데 행동 하나 하나가 전부 좋을 수는 없지만 공식 대회에서의 그런 행동은 실망 그 자체인 것이다.

몽고메리나 어니엘스는 곁에서 보지 못해 알 수 없지만 최소한 화면에 비친 모습까지는 그렇지 않았다.

공 잘 치는 것도 좋지만 매너가 존중되는 운동임에도 공 잘 친다는 이유 하나만으로 언론은 그러한 기사는 어느 구석 한 줄도 싣지 않는다. 실력 때문에 결코 그러한 매너가 묻혀서는 안 된다는 것이다.

축구장에서 골을 넣지 못했다고 신발을 벗어 관중석으로 집어 던졌다면 물어 볼 필요도 없는 퇴장감이 아니던가!

매너를 제일로 꼽는 골프에서 그런 넘을 징계하고 출장 정지를 시키는 룰은 없는지 생각하면 성질이 난다.

실력은 황제다운지 모르겠지만 매너는 개똥보다 못한 그를 보고 초보 골퍼는 무얼 배우겠는지 반성해야한다.

우리의 주변에도 그런 동반자들이 흔하다. 클럽을 집어 던진다거나 공포 분위기를 조성하며 동반자를 불안하게 만들어 승부를 바꿔 놓는 넘들이 있다.

아무리 승부의 세계이지만 페어플레이를 해야 함에도 보기를 하고는 파를 했다고 우겨서 상대를 열 받게 하고 가끔은 얼렁뚱땅 사과를 하고는 돌아서서 긁어대는 넘들이 많다.

뻔히 알면서 상대의 의욕을 꺾고 열 받게 하려는 의도로 너스레를 떠는 왜넘거튼 인간들은 복날 개패 듯 패야 한다.

조금 친다고 상대를 업신여기고 동반자를 밥으로 생각하며 자기 공은 대충 기브이고 초보는 넣으라는 넘도 마찬가지이다.

프로선수나 고수들의 그러한 행동에 악습은 답습이 된다는 사실을 그들은 알아야 하고 골프에서 관중과 동반자는 그 사람의 골프 실력만 보는 것이 아니라는 사실도 깨달아야 할 것이다.

어떤 기업가는 사윗감을 고를 때 같이 골프를 해보고 고스톱에 술을 같이 먹으며 하루를 지켜 본다고 했다. 실력으로 따지면 골프선수, 노름꾼, 술고래가 사윗감일테지만 그 기업가가 그런 것을 원해서 그랬겠는가?

312

맞춤인간이야 없겠지만 인간의 됨됨이를 살폈을 것이다.

세상을 살아가면서 베풀지 못하고 받으려고만 하고 상대의 입장을
전혀 생각하지 않으며 남의 비판에는 강하면서 자기비판에는 존나게
인색한 인간들은 인생과 골프의 동반자가 될 수 없으며 남의 땅을 자
기네 땅이라고 우겨대는 바다 건너 철면피의 왜넘들과 다를 바 없다.

입칠기삼

흔히들, 고스톱은 "운칠기삼(運七技三)"이라고 하는데 주변의 한 넘은 "입칠기삼"이라는 표현이 적합할 정도로 주둥아리 놀리는 데는 타의 추종을 불허한다.

논리정연한 수준이라면 말도 않지만 어눌하면서도 남의 억장을 무너지게 하니 그 넘의 이빨에 걸리면 살아 남을 수가 없다.

순간순간 툭~툭~ 뱉어 내는 말에 약발을 받지 않는 넘이 없으니 생각하면 할수록 열 받고 그 넘의 씨불렁거림에 쪼루라도 내고 나면 치던 도라이바로 대갈통이라도 찍어 버리고 싶지만 그것도 그 순간 뿐!

미워도 미워할 수 없는 인간이다.

또 라운드가 잡힌 어느 날!

날씨도 꾸물~꾸물~ 비가 올려나 눈이 올려나…….

전날의 개떡거튼 기분을 자제하려는데 날씨마저 지랄 같으니 영~ 맘이 편치 않다.

허허한 마음으로 첫 홀 티샷! 공은 기차게 날아갔는데 이게 무신 징조인가?

꽂혀있는 티가 반으로 쫙~갈라지는 것이 아닌가! 나무도 아닌 플라스틱인데 여태껏 경험도 없고 본적도 없건만!

아무튼 도라이바 잘 보낸 걸 위안삼아 쩔래~쩔래~ 걸어가는데 내 마음을 알리 없는 그 넘이 첫 홀부터 긁기 시작한다.

"도라이바 멀리 보낸 넘치고 버디하는 거 못 봤네."

씨펄넘! 또 시작이네.

아니나 다를까? 깃대를 30미터 앞에 두고 대갈통을 때리더니 또 터부적~터부적 거리며 버디는 고사하고 따불을 한다.

그 넘의 주둥아리에 또 말려드는 걸까? 그 후론 꿀꿀한 전날의 기분과 그 넘의 주둥아리가 뒤섞여 모래탑 같이 순식간에 무너져 내리기 시작한다.

어이구~개자슥! 죽일 수도 없구 살려 두자니 미치겠고…….

한 넘이 약발을 받았다고 생각했는지 또 한 넘을 찝쩍거린다. 삐쩍 말라서는 키만 장승같은 넘인데 약발이 엄청 잘 받는다. 뭔 약이든 이렇게만 받아준다면 우리 약 좋은 약 일텐데 말야.

경기 내용의 기복이 심한 사람은 분명 약발을 잘 받는다. 그날따라 내리 세 홀 동안 오너를 잡으니 그 자슥이 가만 둘 리 없지.

티박스에 올라가는 넘을 보고는 "연속 3홀 이상 오너를 하면 내손에 장을 지진다"며 툭~뱉어 버린다.

듣기에 따라서는 조또~ 아닌 말이지만 상대는 "그래! 두고 보자"는 식의 오기를 품을 것이며 당연히 경직되고 힘이 들어갈 것이 분명하다.

아니나 다를까 그린을 60미터 앞에 두고는 양파를 해 버린다. 평소 같으면 거품을 물고 난리를 칠 넘인데 주머니가 두둑하니 그래도 히죽거리지만 기어코 넘어지는 걸 봐야 직성이 풀리는 넘이니 강~ 둘리가 없잖은가!

롱홀!

2온도 가능하나 쉽지는 않다. 욕심이 목구멍까지 차오른 주둥아리 그 넘의 공과 양파한 그 넘의 티샷공이 헤저드 쪽으로 가는데 가뭄에 목마른 짐승들같이 연못가에 쪼르르 몰려들지만 주둥아리 그 넘의 공은 시체도 찾을 수가 없고 양파한 그 넘의 공은 땅끝 1미터 지점 얼음 위에 얹혀있다. 그 넘의 주둥아리가 그냥 있을 리 없다.

"한 타 득 본다는 보장도 없는데 괜히 빠지면 얼어 죽는데이!"
그렇게 뱉어버리고 뒤뚱~뒤뚱~가더니 다시 돌아보고는
"여기서 보니 칠만 하네. 내같으면 치겠따!"며 또 한마디를 던진다.
똥마른 개거치 이리저리 한참을 견주더니 강~치기로 했나보다.
"돈도 땄겠다 연습도 해볼겸"이라며 어드레스를 하는데 타~악 소리와 함께 멋지게 탈출을 하는 게 아닌가!

이런 씨벌! 이번 홀에서는 먹을 게 좀 있겠구나 했더니…….

그런데 뒤를 돌아보니 꾸물~꾸물~언덕을 기어 나오는 그 자슥!

아이구~!! 웃어야할찌? 울어야할찌? 얼음 구덩이에 허리까지 빠져버린 것이 아닌가!

남은 홀도 많은데 털 벗긴 닭거치 떨어가며 공이 될 리 있나! 그 넘도 터부적~ 나도 터부적~ 결국 두 넘을 꼴찌로 만들고서야 목표를 달성했다는 듯 기고만장하는 주둥아리 그 자슥!

재봉틀을 들고 댕길 수도 없고 두고 보자니 억장이 무너지고!

내기가 뭔지, 친구가 뭔지.

기어코 한 넘을 얼음 구덩이에 빠뜨리고야 마는 그 넘!

다른 곳에서 그런 짓거리를 하다간 맞아 뒈져도 여러 번 뒈졌을낀데 그래도 얼굴 붉히지 않고 이해를 해 주는 골프 친구들이 있어 좋다.

죽일 듯이 싸우다가도 발가벗고 욕탕에 들어가면 언제 그랬냐는 듯 잊어버리는 우리들만의 골프!

에혀~! 미워도 미워할 수 없으니 그것이 문제다.

아줌마 잘 가요

"어디서 왔는가 어디로 가는가 가고 옴에 자국 없거늘 사람들은 마냥 백년 살 생각만 하네."

조선 중종 때 김인후라는 분이 남긴 글이다. 바둥거려도 100년인데 한줌의 재로 허무하게 갈 것을 사욕에 젖고 자신의 안위만을 위해 적을 만들며 살아가는 부류들에 대한 깨우침의 글인 듯 하다.

국민이 알아주는 위인은 아니지만 어떻게 사는냐를 가르쳐 주었고 이웃이 기억해 주고 안타까워하는 어느 아줌마 골퍼를 얘기하고자 한다.

진눈깨비마저 휘날리는 가장 추운 날!

골프 재미에 흠뻑~ 빠져든 K라는 아줌마! 반듯하게 키운 자식들 모두 보내고 나니 이제는 골프가 유일한 즐거움이라던 50중반의 아줌마다.

오늘도 매월 치르는 월례회 채비에 바쁜 하루가 시작된다. 날씨 탓에 회원들이 늦을세라 일일이 전화도 하고 모든 회원에게 줄 따끈한 커피도 준비하면서 골프는 결혼식의 신부 입장거치 늘 설레임이었고 오랜만에 다가오는 시골 장날거튼 기다림이었다는 아줌마였다.

코끝을 스치는 칼바람도 골프 때만은 상쾌하다며 의욕 또한 남달랐다. 한 홀이 지나고 두 홀을 지나며 겨울 공인데 보기면 어떠냐며 즐거워하며 쉽지 않은 6번 홀에서 어렵게 파로 마무리한 아줌마는 추위는 뒷전이고 그렇게 좋아 하더란다.

다가올 자신의 운명도 모른 채 7번 홀에 올라섰고 티를 꼽는 순간 그 아줌마는 움찔하더니 쓰러지고 말았다.

동반자들은 미끄러진 줄만 알았는데 그것이 아니었다.

주변 골퍼들이 달려와 인공호흡을 했지만 의식을 잃은 채 아줌마는 병원으로 실려 갔고 모두들 무사하길 빌었는데 그 염원을 뒤로 한 채 운명하고 말았다.

평생을 함께한 남편에게, 죽도록 사랑한 자식에게 한마디 말없이 그 아줌마는 그렇게 다시는 못 올 곳으로 가버린 것이다.

여태껏 고생하며 열심히 살아온 만큼 이제는 골프도 즐기며 살아야겠다는 아줌마였는데 가슴 떨림으로 다가 온 골프장이 죽음의 장이 될 줄이야!

난, 그 아줌마를 잘 모른다. 스쳐 지나갔을 수많은 골퍼들 중 한 사람이었겠지만 오늘, 한 골퍼의 죽음을 얘기하는 것은 많은 골퍼들로부터 칭송이 남달랐기에 슬픔은 더하고 연민이 남는 것이다.

두 자식 반듯하게 키웠고 보이지 않는 곳에 더 큰 배려를 했으며 부부금슬 또한 남달라 목소리 한번 높여 본적이 없었단다.

마을의 궂은일도 내 일인냥 팔 걷어 부치고 나설 정도로 적극적이고 열성적이었기에 누구에게도 인심 잃지 않은 아줌마였다.

상대가 아무리 잘 쳐도 시기, 질투는커녕 칭찬에 침이 말랐고 모두들 꺼리는 초보자도 내 책임인냥 기꺼이 배려해 주는 그런 골퍼였다.

골프라는 것이 어디 맘대로 되나? 하지만 이날까지도 얼굴 한번 찌푸림이 없는 푸근한 골퍼였다니…….

골프장 언냐들에게도 인기 1위였으며 언니들의 잘못 조차 등 두들겨 달래고 모든 걸 자기 탓으로 돌리는 매너있는 골퍼였다.

마지막 순간까지도 카트를 끌어주며 애착을 가졌던 골퍼였기에 그를 아는 모든 이의 가슴이 아픈 것이다.

갈수록 험악해지고 어렵고 힘들어지는 세상에 모든 골퍼, 아니 모든 사람의 본보기가 되어야 할 착한 사람이 이렇게 먼저 간다는 것은 너무 억울하고 분하다.

남에게 피눈물 흘리게 하는 걸레거튼 인간들은 잘 처먹고 벽에 똥칠하며 뒤지게도 오래 사는 세상이 더럽고 역겨운데 그렇게 착한 사람들이 왜 빨리 가야하는지!

　가슴이 찢어지는 가족들에게 무엇인들 위로가 될 리 없지만 모든 사람에게 칭찬받고 가는 삶은 그리 많지 않다는 걸, 사후에 존경받는 진정한 삶이 그리 흔치 않다는 걸 말해주고 싶다.

　반듯하게 살았고 배려하며 성실하게 살다 간 우리의 이웃!

　아줌마 골퍼의 명복을 빈다.

　아줌마! 잘 가요~!

접대하기 힘드네

살다보면 접대를 할 때도 있고 가끔은 접대를 받을 때도 있다. 하지만 난 여태꺼정 접대를 한 적도 없지만 받아 본적도 없고 그럴 이유도 없다며 살았는데 살다보니 접대꺼리가 생겼다. 접대라기보다는 자리를 채워주는 정도였는데…….

업무 차 한두 차례의 면담은 있었지만 골프는 첨이었는데 어느 날 자리를 잡아 놨으니 한번 치자는 것이다.

상대는 대기업의 임원이었고 실력도 대단하여 사내 대회를 독식하며 말빨과 거품(?) 또한 우승감이라는 정보를 얻었다.

100돌이 바지 두 명을 데려올 테니 내 경비만 내란다. 평생 접대라고는 해본적도 없는데 어케 처신을 해야는지?

똑바로 쳐야되는지도 삐뚤게 쳐야되는지도 모르겠고 한 달 동안 슬럼프에 빠져 거지꼴이 되어 돌아 댕겼는데 똑바로가 맘대로 되겠냐만 치는 대로 쳐보자는 계산이었다.

후배를 통하여 썩어도 준치라는 소문을 들은 탓인지 그도 상당히 긴장을 했다. 배려 차원에서 먼저 치라고 했지만 한사코 말구를 치겠다니 "맨날 당당하게 그리고 순서도 없이 초구를 치는 양반인데 오늘은 왜 저러느냐"며 바지 두 명이 수군거린다.

꼬부라지던 도라이바가 오늘은 잘도 날아간다. 내기 판에는 맨날 낚시 바늘이더만 이넘의 볼이 미쳤냐?
등신 꼴갑을 한다고 멍석 펴 놓으면 맨날 칠퍼득 거리더니 접대 자리에서 지랄났네.

바지 두 명은 접대에 길들여졌는지는 모르지만 공을 치러 왔는지 굴리러 왔는지도 모르겠다.
그 양반이 칠 차례~! 후배의 말로는 도대체 이해가 안 되는 이상한 스윙으로 7자말 또는 8자 초반을 친다는 게 믿어지지 않는다더만 "꿩 잡는 게 매"라고 해도 빈스윙을 보니 정말 골 때린다.
암튼, 그 양반의 첫 홀 티샷은 대가리 까기로 시작해서 아이언마저 버벅거리더니 트리플 보기를 해버린다.

버벅거리는 넘도 미안하고 구경하는 넘도 미안스럽고 버디를 앞에

둔 나는 더 그렇고 에구 우스운 꼴이 됐네.

그 양반은 흔히들 하는 이야기로 한수 배우겠다며 시작을 했지만 겸손은 뒷전이고 이길 욕심이 꽉 찼으니 매홀 대갈통에 뒷땅 천국에 얼굴은 폭탄주를 먹은 듯하고 몇 홀을 지나니 접대 나온 바지 두 명은 안절부절이다.

아~ 씨바! 이게 아닌데 오늘따라 미친 듯이 맞아주는 공 때문에 접대 자리에 찬바람이 분다.
바지들은 눈치를 주는데 그럼 어쩌란 말인가? 오비도 내고 뒷땅도 치고 쓰리빠따도 하라는 건지.
니미~! 접대 골프이거 진짜 적성에 안 맞네!

이러지도 못하겠고 저러지도 못하겠고 모처럼 감을 잡았는데 여기서 접대랍시고 개판으로 쳐 버리면 몇날 며칠을 또 고생해야는데 어차피 이렇게된 거 어리버리하게 접대 할 바엔 차라리 확실하게 보여주자는 생각으로 걍~ 밀어 붙여버렸다.

접대 나온 넘은 깃대에 쩍~쩍~ 붙여 버리고 접대 받는 넘은 냉탕 온탕에 개죽을 쑤니 참 웃기는 꼴이다.
욕을 먹든 말 든 미친 척 못 본 척 내 갈 길을 간 것이다. 오늘 죽을 쑤고 나면 맨날 불려 댕길지도 모르는데 개끌리 듯하며 도시락이 되는 것 보다는 훨~ 낫지 않겠나.

324

신들리듯 맞아 준 덕분에 근간 호타인 73개를 쳐버리고 그 양반은 도시락거치 데리고 댕기던 바지 두 명보다도 더 쳐버렸으니 그날의 분위기가 어떻게 되었겠나?

그런데 끝나고 나니 예상 외로 바지 두 명으로 부터 "고맙다"는 이상한(?) 인사를 받았다.

"기고만장한 버릇을 고쳐 줘서 고맙다"는 뜻이겠지!

그 양반은 뭔가 보여주겠다는 마음이었는데 게임이 끝나고 풀죽은 모습에 너무 미안했다. 하지만 그는 "여태꺼정 하수들을 데불고 이기는 공만 쳐 왔고 오늘 너무 욕심이 지나쳤다"며 겸손하게 반성을 했다. 그러면서 한번 더 기회를 달라는 것이다.

그 후 조금이라도 궁금한 게 있으면 하루에도 수차례 전화를 한다. 또한, 어쩌다 맞아준 공이고 조또~ 배울 거라고는 개코도 없는데 한 수(?)를 배우자며 신자들 교회가 듯 주일마다 연락이 온다. 하지만 그날 같은 공이 다시 나올지도 의문이지만 힘이 들어가는 공은 자신도 없거니와 치기도 싫다.

지키려고 바둥거리고 끌려 댕기는 골프가 싫기 때문에 지금까지 온갖 핑계를 둘러대며 버티고 있다.

어쨌튼 그 양반과는 한번의 라운드로 좋은 인연이 되었고 밥 먹고 사는데 조금이나마 도움을 주고 있다.

다른 접대와는 달리 골프 접대만큼은 능력이 있음에도 스코어를 상납하며 알아서 굽신거릴 필요는 없다고 본다.

그것은 다른 것과 달리 신선한 스포츠이기 때문이다.

장고의 **쪼루인생**
골프 **이야기**

개정판1쇄 인쇄 | 2014년 7월 17일
개정판1쇄 발행 | 2014년 7월 19일

지은이 | 장복덕
펴낸이 | 박대용
펴낸곳 | 도서출판 징검다리

주소 | 413-834 경기도 파주시 교하읍 산남리 292-8
전화 | 031)957-3890, 3891 팩스 | 031)957-3889
이메일 | zinggumdari@hanmail.net

출판등록 | 제10-1574호
등록일자 | 1998년 4월 3일